Abhandlungen der Sächsischen Akademie der Wissenschaften zu Leipzig · Philologisch-historische Klasse · Band 82 · Heft 4

Germanistische Linguistik als Lebensaufgabe

Gotthard Lerchner zum 75. Geburtstag

Herausgegeben von Klaus Bochmann

Sächsische Akademie der Wissenschaften zu Leipzig · In Kommision bei S. Hirzel Stuttgart/Leipzig

Gedruckt mit Unterstützung des Freistaates Sachsen
(Sächsisches Staatsministerium für Wissenschaft und Kunst)

Herausgeber:
Klaus Bochmann, Ernestusstraße 17, 06114 Halle (Saale)

Mit einer Abbildung

In der Plenarsitzung Drucklegung beschlossen und Manuskript eingereicht am 12.10.2012
Druckfertig erklärt am 8.5.2013

Bibliographische Information der Deutschen Nationalbibliothek

Die Deutsche Nationalbibliothek verzeichnet diese Publikation in der Deutschen
Nationalbibliographie; detaillierte bibliographische Daten sind im Internet
über <http://dnb.d-nb.de> abrufbar.
ISBN: 978-3-7776-2353-5

Jede Verwertung des Werkes außerhalb der Grenzen des Urheberrechtsgesetzes ist unzulässig und
strafbar. Dies gilt insbesondere für Übersetzung, Nachdruck, Mikroverfilmung oder vergleichbare
Verfahren sowie für die Speicherung in Datenverarbeitungsanlagen. © 2013 Sächsische Akademie
der Wissenschaften zu Leipzig; Vertrieb: S. Hirzel Verlag Stuttgart/Leipzig.

Satz: Barbara Zwiener, Sächsische Akademie der Wissenschaften zu Leipzig
Druck: druckhaus köthen GmbH
Printed in Germany

Inhalt

Rudolf Grosse
Gotthard Lerchner zum 25. September 2010 5

Irmhild Barz
Wortbildungswandel – Kontinuität und Innovation 7

Klaus Conermann
Hochsprache und Umgangssprache in der Fruchtbringenden Gesellschaft.
Beobachtungen anlässlich der Neuentdeckung einer handschriftlichen Köthener
Sprach-lehr als Grundlage für Christian Gueintz' *Deutscher Sprachlehre Entwurf* ... 14

Ulla Fix
Sprache in der Sprache – Sprachutopisches bei Thomas Mann 32

Rosemarie Lühr
Informationsstrukturierung und Betrachtzeit 40

Anita Steube
Woher kommen die Bäume (Ein Beitrag zur Wissenschaftsgeschichte des
20. Jahrhunderts) 56

Hans-Joachim Solms
Isosemantische Beziehungen im Mittelhochdeutschen 75

Rudolf Grosse

Gotthard Lerchner zum 25. September 2010

Gotthard Lerchner feierte am 25. September seinen 75. Geburtstag, und wir dürfen ihm noch gratulieren und das Bestmögliche wünschen. Wenn wir ihn als Altpräsidenten der Sächsischen Akademie der Wissenschaften von 1996 bis 2003 würdigen wollen, wird er sich wohl dagegen wehren. Denn, so seine Worte in der Ansprache zur Jubiläumssitzung am 12. April 1996: „Würdigung ist eben nicht nur das Kind von Pathos und Feierlichkeit, sondern auch die Schwester der Kritik: denn beiden geht es, wenn auch mit unterschiedlichen Intentionen, letztlich um Wünschenswertes: Wünschenswertes in bezug auf das Werten von Traditionen, Wünschenswertes im Sinne interessegeleiteter Prüfung eines Erbes auf seine Anwandlung an Aufgaben der Gegenwart und Zukunft." Die Verpflichtungen aus dem wissenschaftlichen Erbe hat er stets als wichtigste Aufgabe verstanden.

Er ist mit unserer Akademie schon seit seinem Studium eng verbunden durch seinen Lehrer Theodor Frings, der als Sekretar von 1932 bis 1937 und als Präsident nach der Wiedereröffnung 1948 bis 1965 das Bild der Sächsischen Akademie der Wissenschaften maßgeblich prägte. Gotthard Lerchners Dissertation (1964) und seine Habilitationsarbeit (1968), von Theodor Frings auf dessen Forschungsgebieten der rheinländischen und der westgermanischen Sprachgeschichte angelegt und von Gotthard Lerchner mit wesentlichen neuen Aspekten der Phonologie und der Semantik erweitert, sind in unserer Schriftenreihe „Mitteldeutsche Studien" veröffentlicht worden. Auch eine viel zitierte Abhandlung „Niederländisch und Niederdeutsch" (1966) hat Theodor Frings zusammen mit Gotthard Lerchner in unseren Sitzungsberichten herausgebracht.

In den Jahren als Dozent und Ordinarius für Deutsche Sprache in Halle 1970 bis 1988 hat er als erfolgreicher Hochschullehrer die aktuell wichtigen Gebiete der Stilistik und Diskursanalyse mit bedeutenden Beiträgen ausgebaut. Ein eindrucksvoller Sammelband davon ist zusammen mit den Beiträgen in dem Festkolloquium zu seinem 65. Geburtstag am 25. September 2000 publiziert worden. Zur „integrativen Analyse poetischer Texte" (1981) musste der Sprachwissenschaftler weite Gebiete nachbarwissenschaftlicher Disziplinen abschreiten und dort theoretische Höhen ersteigen: Die Sprechakttheorie (Austin, Grice), die sprachkommunikative Handlungstheorie (Morris, Pike), die Psycholinguistik (Leontjev, Bierwisch) ebenso wie die Semiotik (Eco, Hardt), die Kulturmorphologie (Assmann, Schlieben-Lange) und natürlich die Poetologie (Lotman, Mukarovský). Alle theoretischen Erörterungen sind dabei von Gotthard Lerchner mit einleuchtenden Analysen literarischer Beispieltexte veranschaulicht worden. Für das 18. Jahrhundert durften Lessing, Wieland, Goethe und Schiller nicht fehlen; doch daneben werden auch die Trivialliteratur, die „Hausväterbücher", selbst Freiherrn von Knigges „Umgang mit Menschen" behandelt, für das 19. Jahrhundert auch die „Gartenlaube", von der neueren Literatur natürlich Thomas Mann, Rilke und als besonders ergiebig Brecht („Am Grunde der Moldau…" bis hin zum Kinderlied vom „Pflaumenbaum"), dazu Bobrowski, Fühmann, Strittmatter und viele andere. Es lohnt sich, in Gotthard Lerchners kleinen Schriften zu blättern, denn neben seinen hochtheoretischen Abhandlungen hat er auch Zeit gefunden (und wohl auch Spaß daran gehabt), über den „Umgang mit literarischen Text im Unterricht" unter dem an Lichtenberg anknüpfenden Titel „Wenn ein Buch und ein Kopf zusammenstoßen" (Berlin 1991) zu plaudern, freilich dabei hintergründig den Leser systematisch und fundiert lenkend und leitend.

Die zwölf Jahre als Ordinarius für Geschichte der deutschen Sprache an der Universität Leipzig (1988–2000) waren zunächst gekennzeichnet durch die Prozesse der schwierigen Neugestaltung universitärer Strukturen und Relationen, bei denen sich Gotthard Lerchner trotz zeitaufwendiger, oft aufreibender Abläufe als Dekan der neu geschaffenen Geisteswissenschaftlichen Fakultät und der 1994 auch unter seiner Mitwirkung gegründeten Philologischen Fakultät voll engagierte, dabei das ganze Programm der bei den Studenten sehr geschätzten Lehrveranstaltungen erfolgreich ausfüllend.

Die in der akademischen Lehre so bewährte und mit ihren Leistungen in der Forschung international hoch geschätzte, in humanistischer Grundhaltung stets geradlinig urteilende und handelnde Persönlichkeit war – seit 1984 Ordentliches Mitglied der Sächsischen Akademie der Wissenschaften – geradezu berufen für ein Amt in deren Präsidium, wo auch hier wesentliche Aufgaben einer Neugestaltung zu bewältigen waren. Als Vizepräsident 1994 bis 1996 und als Präsident 1996 bis Dezember 2003 hat er die Entwicklung des Gelehrtengremiums wie der Forschungsinstitution maßgeblich mitbestimmt. Nachdem der Landtag des Landes Sachsen 1994 ein neues Statut als Gesetz verabschiedet hatte, war nach innen und außen vieles zu überdenken und neu zu regeln, so die Beziehungen zur damaligen Konferenz, der jetzigen Union der Wissenschaftlichen Akademien in Deutschland, zu den anderen deutschen und den benachbarten ausländischen Akademien, so die Schaffung einer neuen Klasse für die Technikwissenschaften, so die Arbeit der Kommissionen in der Akademie wie die wissenschaftliche Tätigkeit in den Arbeitsstellen und deren Veröffentlichungen wie auch die anderen Publikationsorgane der Akademie, nicht zuletzt die Wirkung der Akademie in der Öffentlichkeit und die Verbindung mit der Stadtverwaltung und der Universität. Die Stiftung des Leipziger Wissenschaftspreises, die Veranstaltungen zur Ehrung Gottscheds und die zum 200. Geburtstag des Begründers der Psychophysik Gustav Theodor Fechner waren in dieser Richtung Höhepunkte. In besonderer Erinnerung bleibt wohl auch allen Teilnehmern die Festsitzung zum 150. Jubiläum unsere Akademie 1996 im Beisein des Herrn Bundespräsidenten Roman Herzog und des Herrn Ministerpräsidenten Kurt Biedenkopf, wo Gotthard Lerchner in seiner feierlichen Ansprache die Verpflichtungen aus der Geschichte der Akademie für Gegenwart und Zukunft verdeutlichte. Schon im April 1995 hatte er bei der Öffentlichen Gesamtsitzung in seinem Vortrag „Regionale Identität und standardsprachliche Entwicklung – Aspekte einer sächsischen Sprachgeschichte" mit dem sprachgeschichtlichen Überblick zugleich immanent eine ansprechende Begründung der regionalen Bindung unserer Akademie in einer Phase der Diskussion um die Schaffung einer einheitlichen nationalen Akademie der Wissenschaften gegeben, zu der er mehrfach auch in zentralen Veranstaltungen begründet Stellung zu beziehen hatte.

Doch es waren wohl nicht so sehr die großen Anliegen, die Gotthard Lerchner zu schaffen machten, sondern mehr noch die Mühen der täglichen Kleinarbeit, vor allem die wachsenden finanziellen Schwierigkeiten, auch gerichtliche Auseinandersetzungen in Personalfragen, haben ihn gesundheitlich so belastet, dass er ein Jahr vor dem Ende der Amtszeit um Entlastung bitten musste. Und wie so oft folgte nach dem Wegfall der Spannungen im Berufsleben unmittelbar die leidige Erkrankung. Sie konnte, dank auch der Fürsorge seiner Gemahlin, damals einigermaßen überwunden werden, doch wir sehen heute wieder, wie anfällig seine gesundheitliche Verfassung ist, und können nur hoffen, dass sie sich wieder festigt.

IRMHILD BARZ

Wortbildungswandel – Kontinuität und Innovation

1 Einführung

Wortbildungswandel ist wieder ein aktuelles Thema, seit man besser verstanden hat, dass Wortbildung nicht nur Sprachwandel erzeugt – nämlich Wortschatzwandel –, sondern dass sie ihrerseits auch dem Wandel unterliegt (Munske 2002, 23). Die quantitative und qualitative Produktivität von Bildungsmustern ändert sich, neue Muster entstehen, andere veralten oder verschwinden – ausnahmslos Prozesse, die mehrere Jahrhunderte überspannen.[1] Wir leiten heute z. B. mit dem Suffix *-bar* keine Adjektive mehr aus Nomen ab, wie noch in *fruchtbar* geschehen, sondern – das ist die Regel – ausschließlich aus Verben. Dass neuerdings auch Adjektive als Basis der *-bar*-Wörter begegnen, signalisiert möglicherweise eine Abschwächung dieser Beschränkung des Modells auf verbale Basen, auch wenn bislang nur wenige Bildungen in Texten der Produktwerbung belegt sind (*unkaputtbare Flasche*, *unplattbare Fahrradreifen*). Auch die Restriktionen für bestimmte Verbklassen als Basis lockern sich. Obwohl reflexive Verben als Derivationsbasen bislang als ausgeschlossen gelten, wagt eine Werbung 2010 die nichtwohlgeformte Bildung *leistbarer Preis*, deren Verstehbarkeit im Text-Bild-Kontext trotz der Abweichung durchaus gewährleistet ist: ‚Preis, den man sich leisten kann'.

Die nicht modellkonformen Adjektive *unkaputtbar, unplattbar, leistbar* sind stilistisch markiert, was aber nicht bedeutet, dass sie in der spezifischen Verwendungssituation nicht akzeptabel wären. Sie entsprechen den Erwartungen, die der Leser an Werbetexte knüpft, und könnten durchaus als Muster für analoge Neubildungen dienen. Wortbildungswandel lässt sich also nicht nur über längere Zeiträume hinweg beobachten, sondern ebenso in statu nascendi, und zwar vor allem dann besonders augenscheinlich, wenn man – wie anhand dieser Beispiele zu sehen – als Datenquelle auch solche Texte gelten lässt, bei denen auffälliger Sprachgebrauch ein charakteristisches Gestaltungsprinzip ist.

Den Wandelerscheinungen scheinbar widersprechend, bescheinigt die historische Wortbildungsforschung dem Wortbildungssystem aber auch eine „erstaunliche Kontinuität" (Munske 2002, 24). Nach Untersuchungen der frnhd. Wortbildung um 1500 war z. B. „das heutige System der Derivation vor 500 Jahren bereits weitestgehend ausgeprägt" (ebd.; vgl. auch Erben 2003, 2528). Konstatiert wird eine „weitgehende Übereinstimmung der Grundmodelle, der Bildungselemente und Bildungsweisen" zwischen der frühneuhochdeutschen und der gegenwartssprachlichen Wortbildung (Fleischer 1983, 54).

Angesichts dieser Konstellation, allgegenwärtiger Wandel einerseits und nachweisliche Kontinuität des Bildungssystems andererseits, entsteht die Frage, wie sich aktuelle, zum Teil scheinbar vorbildlose Neuheiten in der Wortbildung in dieses Spannungsfeld von Wandel und Kontinuität einordnen. Zu fragen ist, ob die Kontinuitätsthese tatsächlich aufrechterhalten werden kann. Vier Fallbeispiele sollen daraufhin überprüft werden. Im Ergebnis

---

1 Zu „Dimensionen der Produktivität" vgl. Scherer 2005, 33 ff.

zeigt sich, dass die neuen Muster mehrheitlich an tradierte Bildungsweisen anknüpfen, eine systembezogene Kontinuität folglich bestätigen, dass der Begriff der Kontinuität des Systems zugleich aber auch erweitert werden muss um die pragmatische Dimension.²

2 Neue Wortbildungsmittel durch Reanalyse

2.1 Reanalyse von Entlehnungen

Ist *-ing* in *Doping, Leasing* ein neues Suffix des Deutschen oder sind die Nomina aus dem Englischen entlehnt und nicht im Deutschen gebildet? Die Frage ist insofern legitim, als das englische Suffix *-ing* im Allgemeinwortschatz massenhaft an geläufigen Verbalabstrakta begegnet, vgl. *Doping, Leasing, Mobbing, Piercing, Recycling, Skating, Splitting, Sponsoring, Walking*; an Abstrakta, die auch schon in Komposita mit indigenen Erst- oder Zweitgliedern wortbildungsaktiv und demnach in hohem Maße integriert sind: *Blut-, Gen-, Kinder-, Wachstumsdoping*; *Dopingfall, -sünder*. Parallel zu den Nomina sind meist auch die entsprechenden Verben geläufig: *dopen, leasen, mobben, skaten, splitten, sponsern, walken*, sodass *-ing* durchaus als Verbalisierer des Deutschen aufgefasst werden könnte, entsprechen doch die Paare *dopen – Doping, leasen – Leasing* auch semantisch indigenen Paaren aus Verb und deriviertem Verbalabstraktum wie *lesen – Lesung, deuten – Deutung*.

Die Nomina *Doping, Walking* usw. könnten demnach im Deutschen mit dem Suffix *-ing* abgeleitet und nicht als komplexe Wörter entlehnt sein. Haben wir demzufolge mit *-ing* ein neues Nominalisierungsmittel speziell für aus dem Englischen entlehnte Basen gewonnen (neben *-ung, -e, -ion,* neben der Infinitiv- und der Verbstammkonversion für indigene oder andere exogene Basen: *Deutung, Rebellion, Lesen, Ruf*)?

Die Frage ist nicht leicht zu beantworten. Im Englischen ist die Bildung der Verbformen auf *-ing* unrestringiert möglich (Demske 2000, 385), folglich könnten sämtliche *-ing*-Nomina im Deutschen Entlehnungen sein, selbst wenn sie im Englischen nicht als Verbalabstrakta, sondern nur als Verbformen fungieren. Für die Derivation der nominalen Anglizismen auf *-ing* im Deutschen gibt es zudem keinen plausiblen Nachweis. Er müsste in einem zeitlichen Nacheinander des Vorkommens von Verb und Verbalabstraktum gesucht werden, was wohl nicht zu leisten ist.

Eine durchaus realisierbare Prüfung des Suffixcharakters von *-ing* im Deutschen scheint jedoch die Untersuchung der Verbindbarkeit von nichtenglischen verbalen Basen mit *-ing* zur Generierung von Verbalabstrakta zu sein. Willkürliche Bildungen mit indigenen und exogenen Basen wie **Frisiering*, **Flaniering*, **Schauing*, **Kaufing*, **Verschiebing* zeigen, dass entsprechende Derivate im Standard offenbar nicht wohlgeformt sind. Daraus ist zunächst zu schließen, dass *-ing* im Deutschen nicht als Suffix reanalysiert wird.

Diese Feststellung muss jedoch korrigiert werden, wenn man Nichtstandard-Texte in die Recherche einbezieht. In der zwanglosen Chatkommunikation wird man bei der Suche nach *-ing*-Derivaten an indigenen Basen sofort fündig. Hier treten massenhaft entsprechende Suffigierungen auf, meist in Kleinschreibung: *TV-gucking, viel-zu-viel-träuming,*

---

2 Archaisierung und Schwund von Mustern werden aus Raumgründen nicht behandelt, ebensowenig die Affixentstehung durch Grammatikalisierung (Demske 2002, 310; Nübling u. a. 2008).

extreme-Treppen-steiging (weitere Beispiele bei Donalies 2005, 9). Wegen der durchgehenden Kleinschreibung in Chats mag die Markierung des Nomenstatus neben Originalitäts- und Modernitätsbedürfnis oder Spaß am Sprachspiel eine Ursache für die unbekümmerte Verwendung der *-ing*-Bildungen sein.[3] Da Wandel in Nichtstandard-Varietäten durchaus auf den Standard durchschlagen kann (vgl. zu gesprochener Sprache, zu Fach- und Wissenschaftssprache Wellmann 1997, 74), könnte hier ein neues Suffix im Entstehen begriffen sein.

Dass das nichts Besonderes ist, lässt sich an der Wortbildung vergangener Jahrhunderte vielfach nachweisen. Mit der im 17. Jhd. einsetzenden Fremdwortbildung kommen durch Reanalyse Affixe wie *-ität, -ion, -ur, anti-* und *trans-* ins Deutsche und bilden neben dem indigenen Derivationssystem ein komplementäres mit entlehnten Bildemitteln aus (Munske 2002, 29). Entsprechende Vorgänge beobachten wir auch in der jüngeren Vergangenheit z. B. an Zweitgliedern aus dem Englischen *-ical* (*Grusical*), *-oholic/-oholiker* (*Shokoholic, Politoholiker*) oder *-burger* (*Fleischburger*). Die gegenwärtige Situation verbreiteter deutsch-englischer Zweisprachigkeit lässt weitere solche Übernahmen erwarten.

2.2 Reanalyse von doppelmotivierten Output-Strukturen

Als zweites Beispiel sind neue komplexe Verben mit *gegen-* und *zwischen-* als Erstglied wie *gegenfinanzieren* und *zwischenlanden* zu betrachten. Bei diesen Verben handelt es sich um eine recht junge Erscheinung. Eine Recherche im IDS-Korpus von 2003 ergab ca. 50 *gegen-*Verben, von denen zwei Drittel erst seit 1990 belegt sind (Klosa 2003, 469). Sie entstehen entweder durch Rückbildung aus komplexen Nomina (*Gegenfinanzierung* > *gegenfinanzieren, Zwischenlandung* > *zwischenlanden*) oder – in wenigen Fällen – als Verkürzung von Verben mit den Adverbien *dagegen, dazwischen* als Erstglied (*dagegenhalten* > *gegenhalten, dazwischenschieben* > *zwischenschieben*). Weitere Beispiele sind *gegenargumentieren, -bieten, -checken, -darstellen, -kandidieren; zwischenschalten, -lagern, -speichern, -belüften, -vermieten, -verpflegen* (Klosa 2004, 19).

Die morphologischen Paradigmen dieser Verben weisen meist Lücken auf. In der Mehrzahl der Fälle dominieren die infiniten Formen. Nur der Infinitiv belegt ist bei *gegenargumentieren*; nur Infinitiv und Partizip II bei *gegendenken*, nur Partizipien I und II bei *gegenbalancieren*. Sowohl mit infiniten als auch mit finiten Formen belegt sind jedoch *gegenfinanzieren, -halten, -lenken, -lesen, -rechnen, -steuern, -zeichnen.*

Insgesamt nimmt der Gebrauch in finiten Formen in Verberst- und Verbzweitstellung nachweislich zu, d.h., unter dem Druck der großen Klasse der Partikelverben mit präpositionalen und adverbialen Verbpartikeln wie *ab-, an-, auf-, heran-, hinaus-* usw. werden die Verben mit *gegen-* und *zwischen-* als Partikelverben reanalysiert. Daraus ergibt sich,

---

[3] *-ing*-Formen sind für das Deutsche nicht wirklich neu, sondern sie haben schon in den westgermanischen Dialekten neben *-ung*-Formen existiert (Henzen 1965, 179 f.); *-ing* kann noch heute regional anstelle von *-ung* in Verbalabstrakta stehen, vgl. für das Fränkische *Einrichting, Quitting, Auszehring* (ebd.). Dass die historischen und gegenwartssprachlichen dialektalen *-ing-*Formen für die Ausbreitung der *-ing*-Nomina heute stützend wirken, erscheint allerdings wenig plausibel.

dass neue Verben wie *gegenlesen* möglicherweise ohne den „Umweg" über das komplexe Nomen entstehen. Das ist umso wahrscheinlicher, als die Wortbildungsbedeutungen der komplexen Verben den Bedeutungen der gleichlautenden Präpositionen weitgehend entsprechen.

Was man hier beobachten kann, ist eine Reanalyse morphologischer Strukturen aufgrund von Doppelmotivation; Doppelmotivation verstanden als Motiviertheit einer Wortbildung durch mehr als ein Bildungsmodell, vgl. *Geige/geigen > Geiger*. Auch diese Art der Reanalyse hat sich in der Geschichte der Wortbildung in verschiedenen Ausprägungen manifestiert. Vergleichend sei wieder die Derivation mit *-bar* genannt. Von der Derivation der *bar*-Adjektive – ursprünglich denominal – weiß man, dass Bildungen mit Doppelmotivation wie ahd. *dancbāri* zum heutigen deverbalen Modell geführt haben.[4]

3 Qualitativer Produktivitätswandel

Der qualitative Produktivitätswandel eines Wortbildungsmodells soll am Beispiel der Movierung maskuliner Nomina auf *-ling* mit dem Movierungssuffix *-in* (*Neulingin*) gezeigt werden. Hier lässt sich gegenwärtig eine – vorsichtig formuliert – Abschwächung der Strenge einer Basisrestriktion, d. h. eine Erweiterung der Anwendungsdomäne des Bildungsmusters beobachten. Eine Internetrecherche (am 20.07.2010) ergab unerwartet viele, meist scherzhaft-ironisch gebrauchte Belege: jeweils mehr als 100 Google-Treffer für *Lieblingin, Neulingin, Zöglingin, Schreiberlingin, Flüchtlingin, Fremdlingin, Feiglingin, Fieslingin*, einige davon allerdings auch in Texten des 19. und frühen 20. Jahrhunderts. Die meisten aktuellen Belege gibt es interessanterweise für *Lieblingin* (Gesamtzahl 1780), das auch schon im grimmschen Wörterbuch verzeichnet ist, in den gegenwartssprachlichen Wörterbüchern jedoch als veraltet gilt (GWDS). Der Recherchebefund ist umso erstaunlicher, als die Kombination Basis auf *-ling* + *-in* in Handbüchern und Spezialuntersuchungen für die Gegenwartssprache kategorisch ausgeschlossen wird (Motsch 1999, 365; Eisenberg/Sayatz 2002, 145). Eisenberg/Sayatz erklären diese Restriktion mit der Semantik der Derivate auf *-ling*. Das Suffix trage das Merkmal sexusmarkiert-maskulinum und verbiete deshalb die Movierung mit *-in*. Das Suffix *-er* hingegen sei sexusneutral (generisch), daher ließe es sowohl *-in*-Derivate als auch *-ling*-Derivate zu (*Dichterin, Dichterling*). Wegen ihrer Sexusmarkiertheit treten danach *-in* und *-ling* disjunkt auf; *Dichterlingin* wäre demzufolge nicht wohlgeformt.

Die Ergebnisse der Internetrecherchen deuten nun eine Veränderung dieser Restriktion an, gewissermaßen eine Revitalisierung des alten Musters. Offenbar stößt man hier auf eine weitere Auswirkung feministischer Sprachkritik.[5]

---

4 Auf Reanalyse beruhen des Weiteren die Entstehung der Affixvariante *-igkeit* durch Verschiebung der Morphemgrenze zwischen Adjektivsuffix *-ig* und Nominalsuffix *-keit,* die Entstehung des Fugenelements in der nominalen Komposition oder die Entstehung der Suffixe *-ler* und *-ner.* Schließlich gehört auch die frnhd. Reanalyse syntaktischer Verbindungen zu neuen Komposita (*der Nasen Bein > das Nasenbein;* Nübling 2008 u. a., 85) hierher.

5 Bisher schreibt man der feministischen Sprachkritik das Aussterben der Anrede *Fräulein* zu, des Weiteren die Erfindung und Verbreitung der Binnenmajuskel I, die hohe Produktivität substantivierter Partizipien mit Differentialgenus (*der/die Alleinerziehende*), die häufige

Auch für diesen Wandel von Wortbildungsmustern, wie er an den Beispielen auf *-ling* zu beobachten ist, gibt es zahlreiche historische Parallelen. Nur zwei Beispiele für den umgekehrten Prozess, eine Einschränkung von Domänen, seien erwähnt: das Suffix *-heit/-keit* beim Substantiv: Heute sind mehrsilbige Adjektive mit Erstsilbenbetonung nur mit *-keit* kompatibel (*Eitelkeit, Unlauterkeit*), im Frnhd. auch mit *-heit (eitelheit, unlauterheit*; vgl. Demske 2002, 310). Das Suffix *-ung* kannte im Frnhd. kaum semantische Restriktionen für das Basisverb, heute ist es u.a. bei atelischen Verben ausgeschlossen (Demske 2000, 396). Die deadjektivische *-ung*-Derivation, im Mhd. noch nachgewiesen, fehlt in der Gegenwart völlig (Klein/Solms/Wegera 2009, 131).

4 Kurzwortbildung

Das folgende Beispiel fügt sich nicht so eindeutig in tradierte Wandelprozesse von Wortbildungsmodellen ein. Hier verlangt die Kontinuitätsthese – wie bereits erwähnt – die Einbeziehung der pragmatischen Ebene. Es geht um die Kürzung von Verben.

Gekürzt begegnen heute zum einen komplexe Anglizismen wie *downloaden > downen, inlineskaten > inlinen* (allerdings auch als Konversion von *inline* denkbar), *kitesurfen > kiten, uploaden > uppen;* zum anderen auch *-ieren*-Verben, was die Produktivität der verbalen Kurzwortbildung unterstreicht: *fotografieren > foten, telefonieren > telen, funktionieren > funzen* (mit Stammvariation, möglicherweise in Analogie zu dem unproduktiven verbalen Suffix *-z(en)* (ahd. *-azzen,* vgl. Henzen 1965, 227: *juchzen, seufzen*), *installieren > insten, programmieren > proggen, registrieren > reggen* (Google-Recherche am 19.06.2006).

Es handelt sich jeweils um bedeutungsgleiche Formvarianten ein und desselben Verbs (Androutsopoulos 1998: 568).[6] Sie finden sich vornehmlich in der mündlichen oder in der Chatkommunikation, denn sie dienen der informellen, eher privaten Kommunikation. Dass sie überhaupt gebildet werden, könnte auch eine Sogwirkung der massenhaft vorkommenden einfachen Verben aus dem Englischen sein (*boomen, jobben, leasen, shoppen, surfen, walken*). Erben (2006, 39) interpretiert die Anschlussmöglichkeit an einfachere Ableitungsmuster als „fördernde Bedingung für das Aufkommen der Kurzformen."

Wie ordnen sich die gekürzten Verben in die Entwicklung der Wortbildung ein? Sind sie traditionslos neu?

Kurzwörter treten im Deutschen erst gegen Ende des 19. Jahrhunderts vermehrt in Erscheinung, nehmen dann aber, wie es heißt, eine stürmische Entwicklung (Kobler-Trill 1994, 141), und zwar ausschließlich bei den Nomen. Verbkürzungen sind eine absolute Neuheit der letzten zwanzig Jahre, sie stehen in einem deutlichen Zusammenhang mit der Entfaltung der Internetkommunikation. Man hat es hier mit einer outputorientierten Bil-

---

Verwendung von Paarformeln (*Bürger und Bürgerinnen*) oder die Zunahme geschlechtsneutraler Personenbezeichnungen wie *-kraft, -person* als Zweitglied, aber auch sog. „Schmeichelwörter" wie *Talent, Profi, Persönlichkeit* in Stellenanzeigen (Ortner 1999, 338; vgl. auch Linke/Voigt 1995, 54).

6   Das ist anders bei entsprechenden Paaren, die entweder zu unterschiedlichen Zeiten ins Deutsche übernommen oder teilweise im Deutschen gebildet wurden (*testieren* 15. Jhd., *testen* 20. Jhd., vgl. AWB). Die Formvarianten unterscheiden sich heute z.T. auch semantisch (*formieren – formen, lackieren – lacken, testieren – testen*).

dungsweise zu tun. Gewünscht sind ganz offensichtlich ökonomische Formen, vielleicht zunächst auch gruppenspezifische Integrations- und Abgrenzungssignale. Es sind also nicht morphosemantische Muster, die adaptiert werden, sondern es ist das Sprecherbedürfnis nach bestimmten Ausdrucksmöglichkeiten, primär nach Formen rationeller Kommunikation, das hier ausschlaggebend für die Wortbildung ist. Und so zeigt sich doch wieder Kontinuität, denn auch aus der Geschichte der Wortbildung lassen sich zahlreiche Beispiele für eine Ökonomisierung anführen, etwa die Entfaltung der nominalen Komposition und Zusammenbildung. Es ist das Fortwirken eines pragmatischen Prinzips, das letztlich zur Kürzung von Verben führt.

Das Resümee: Aktuelle Tendenzen in der Entwicklung der Wortbildung entsprechen durchaus konventionellen Wandelprozessen, wobei nicht nur systembezogene, sondern auch pragmatisch begründete Kontinuität zu konstatieren ist. Eine lohnende Forschungsaufgabe wäre eine differenzierte Erfassung aktueller Entwicklungstendenzen – es konnten hier nur wenige exemplarisch genannt werden – sowie ihre Typologisierung im Kontext kontinuierlichen und diskontinuierlichen Sprachwandels auf verschiedenen sprachlichen Ebenen.

Literatur

Androutsopoulos, Jannis K. 1998: Deutsche Jugendsprache – Untersuchung zu ihren Strukturen und Funktionen. Frankfurt/M.
AWB = Anglizismenwörterbuch 2001: Der Einfluss des Englischen auf den deutschen Wortschatz nach 1945. Begründet von Broder Carstensen, fortgeführt von Ulrich Busse unter Mitarbeit von Regina Schmude. Bd. 1–3. Berlin, New York.
Demske, Ulrike 2000: Zur Geschichte der *ung*-Nominalisierung im Deutschen. In: Beiträge zur Geschichte der deutschen Sprache und Literatur 122, 365–411.
Demske, Ulrike 2002: Sprachwandel. In: Meibauer, Jörg u. a.: Einführung in die germanistische Linguistik. Stuttgart/Weimar, 294–338.
Donalies, Elke 2005: Grammatik des Deutschen im europäischen Vergleich. Kombinatorische Begriffsbildung. Teil II: Explizite Substantivderivation. In: amades Nr. 4. Mannheim.
Eisenberg, Peter/Sayatz, Ulrike 2002: Kategorienhierarchie und Genus. Zur Abfolge der Derivationssuffixe im Deutschen. In: Agel, Vilmos/Herzog, Andreas (Hg.): Jahrbuch der ungarischen Germanistik. Budapest, 137–156.
Erben, Johannes 2003: Hauptaspekte der Entwicklung der Wortbildung in der Geschichte der deutschen Sprache. In: Besch, Werner u. a. (Hg.): Sprachgeschichte. Ein Handbuch zur Geschichte der deutschen Sprache und ihrer Erforschung. 2. vollst. neu bearb. u. erweit. Aufl. 3. Teilband. Berlin, New York, 2525–2539.
Erben, Johannes 2006: Einführung in die deutsche Wortbildungslehre. Berlin.
Fleischer, Wolfgang 1983: Zur Entwicklung des Systems der Wortbildung in der deutschen Literatursprache unter dem Blickpunkt von Luthers Sprachgebrauch. In: Martin Luther. Kolloquium anlässlich der 500. Wiederkehr seines Geburtstages (10. November 1483). Sitzungsberichte der Akademie der Wissenschaften der DDR. 11 G. Berlin, 54–69.
GWDS = Duden. Das große Wörterbuch der deutschen Sprache. 10 Bände. Mannheim 1999.
Henzen, Walter 1965: Deutsche Wortbildung. Tübingen.
Klein, Thomas/Solms, Hans-Joachim/Wegera, Klaus-Peter 2009: Mittelhochdeutsche Grammatik. Teil III. Wortbildung. Tübingen.
Klosa, Annette 2003: *Gegen*-Verben – ein neues Wortbildungsmuster. In: Sprachwissenschaft 28, 467–494.

Klosa, Annette 2004: *Zwischen*-Verben – ein Zwischenbericht. In: Sprachreport 20, H. 4, 16–20.
Kobler-Trill, Dorothea 1994: Das Kurzwort im Deutschen. Tübingen.
Linke, Angelika/Voigt, Gerhard 1995: Gleichberechtigung in der Sprache? In: Praxis Deutsch 132, 53–65.
Motsch, Wolfgang 1999: Deutsche Wortbildung in Grundzügen. Berlin, New York.
Munske, Horst Haider 2002: Wortbildungswandel. In: Habermann, Mechthild/Müller, Peter O./Munske, Horst Haider (Hg.): Historische Wortbildung des Deutschen. Tübingen, 23–40.
Nübling, Damaris u. a. 2008: Historische Sprachwissenschaft des Deutschen. Tübingen.
Ortner, Lorelies 1999: Stellenanzeigen und Geschlecht. Sprachwandel in österreichischen Zeitungen des 20. Jahrhunderts. In: Pümpel-Mader, Maria/Schönherr, Beatrix (Hg.): Sprache – Kultur – Geschichte. Sprachhistorische Studien zum Deutschen. Hans Moser zum 60. Geburtstag. Innsbruck, 325–359.
Scherer, Carmen 2005: Wortbildungswandel und Produktivität. Tübingen.
Wellmann, Hans 1997: Wortbildung im Sprachwandel. In: Wimmer, Rainer/Berens, Franz-Josef (Hg.): Wortbildung und Phraseologie. Tübingen, 65–87.

KLAUS CONERMANN

Hochsprache und Umgangssprache in der Fruchtbringenden Gesellschaft. Beobachtungen anläßlich der Neuentdeckung einer handschriftlichen Köthener *Sprach-lehr* als Grundlage für Christian Gueintz' *Deutscher Sprachlehre Entwurf*

Im einleitenden *Kurtzen Bericht* ihres ersten Gesellschaftsbuchs (1622) erhob die Fruchtbringende Gesellschaft die Forderung, „[...] daß man die Hochdeutsche Sprache in jhren rechten wesen und standt/ ohne einmischung frembder außländischer wort/ auffs möglichste und thunlichste erhalte/ uñ sich so wohl der bestē außsprache im reden/ alß d' reinesten art im schreiben uñ Reimen-dichten befleißigen"[1] solle. In aller Kürze und Schlichtheit gesprochen, aber nichts mehr oder weniger als die programmatische Erklärung, daß die junge, 1617 gegründete Gesellschaft das Ziel einer gemeinsamen Hochsprache verfolgen wollte. Ein Zeichen- und Regelsystem von allgemeiner Gültigkeit war im Deutschen damals noch nicht entwickelt worden, so dass man sich einer Art deutscher Lingua franca bedienen musste, die zwar auch von den schriftsprachlichen Konventionen der deutschen Bibel, der Kanzleien, der Reichstage und Druckereien beeinflusst, aber auch von Fremdwörtern, Dialekt und umgangssprachlichen Formen durchsetzt war. Wenn in den Quellen der Fruchtbringenden Gesellschaft oder in deren sprachlichem Umfeld von Mundart die Rede ist, so ist damit meist nicht Dialekt in unserem Sinne gemeint, sondern die jeweils von Landschaft, Stand, Beruf und Geschlecht stark abhängige ‚Parole'. Der Ausdruck Mundart konnte sogar auf das uneinheitliche Hochdeutsche als Ganzes bezogen werden, so von Justus Georg Schottelius. Er wollte das Hochdeutsche aus eher praktischen Gründen kultivieren. Schottelius (FG 397. Der Suchende. 1642) erklärte in seiner *Teutschen Sprachkunst* von 1641 nämlich: „Die NiederSächsische/ wie auch die Niederländische Mundart komt dem rechtē Grunde/ und uhrspünglichem Wesen offt näher/ als das Hochteutsche/ ist auch fast an Wörterē reicher und nicht weniger lieblich. Aber weil die Hochteutsche Mundart *communis Germaniæ Mercurius* ist/ auch die beste Zier und meistbewegende Krafft hieselbst verhanden/ ja die Teutsche Natur jhre lieblichste vollenkommenheit darinn ersehen/ richten wir uns numehr in gantz Teutschland darnach." Eine lateinische Anmerkung hält dazu fest, die Meißner sollten nicht glauben, nur in ihrer Mundart sei von Grund auf die Reinheit der deutschen Sprache verwurzelt.[2] Erst in seiner *Ausführlichen Arbeit Von der Teut-*

---

1   Kurtzer Bericht der Fruchtbringenden Gesellschafft Zweck und Vorhaben. Gedruckt zu Cöthen/ Jm Jahr/ 1622. In: Fürst Ludwig von Anhalt-Köthen: Werke I. Hg. v. Klaus Conermann. Zit. *DDA IIA* I, [10] (Die Deutsche Akademie des 17. Jahrhunderts Fruchtbringende Gesellschaft. Kritische Ausgabe der Briefe, Beilagen und Akademiearbeiten. Begründet v. Martin Bircher u. Klaus Conermann. Reihe I, Abt. A–C; Reihe II, Dokumente und Darstellungen, Abt. A–C). Die v. K. Conermann herausgegebenen (unter Mitarbeit v. Gabriele Ball u. Andreas Herz), chronologisch angeordneten Texte der Reihe I, Abt. A (Köthen) werden im folgenden nachgewiesen durch Datierungsnummern, z. B. 240718 (Brief v. 18. 7. 1624, in *DDA IA* I, 277 ff.).

2   JUSTI-GEORGII SCHOTTELII Einbeccensis, Teutsche Sprachkunst (Braunschweig 1641: Balthasar Gruber), 177. Ähnlich kritisch auch: Ausführliche Arbeit Von der Teutschen Haubt-Sprache ...

schen HaubtSprache (1663) konnte sich Schottelius endgültig zum Hochdeutschen als einer Hochsprache bekennen, welche durch gelehrte Spracharbeit schon seit langem die deutschen Dialekte überwunden und überwölbt habe.[3] Umgangs- oder Volkssprache herrschte in schriftsprachlichen Quellen aus dem Umkreis auch der Fruchtbringenden Gesellschaft immer noch, besonders in Frauenbriefen (240718)[4] oder in den stammbuchartigen Eintragungen des Gesellschaftsalbums.[5] Zeugnisse des eigentlichen Dialekts kommen dagegen oft in Ritterspielen mit Aufzügen von Bauern vor.[6]

Der eigentlichen fruchtbringerischen Spracharbeit voraus ging die knappe Universalgrammatik[7] Wolfgang Ratkes, die lateinisch formuliert und für den Sprachunterricht des Köthener Schulversuchs ins Griechische, Deutsche, Französische und Italienische übersetzt und mit Deklinations- und Konjugationsparadigmata dieser Sprachen bereichert worden war. Von den darauf fußenden ausgearbeiteten Sprachlehren kannten wir bisher nur ein dem dichotomisierenden Schema Ratkes folgendes, 1620 veröffentlichtes *Compendium Grammaticae Latinae*[8], jedoch gelang es nun, eine gleichfalls auf die Zeit um 1620 zurück-

---

  Ausgefertigt Von Justo-Georgio Schottelio (Braunschweig: Christoff Friederich Zilliger 1663), 158f. Zum Verständnis des Dialektbegriffs Niederländisch, der bei Schottelius in Opposition zum deutschen Oberländisch steht, s. Anm. 53.

3 A. a. O., 174 „Die Hochteutsche Sprache aber/ davon wir handeln und worauff dieses Buch zielet/ ist nicht ein Dialectus eigentlich/ sondern Lingua ipsa Germanica, sicut viri docti sapientes & periti eam tandem receperunt & usurpant: […] Omnibus dialectis aliquid vitiosi inest, quod locum regulæ in Lingua ipsa habere nequit. Lingua hæc nostra Germanica per secula gradum fecit & hoc loquendi & scribendi decore induta est, cujus Linguæ vera fundamenta ob oculos ponere, eidem artis formam, certitudinis amabilis sedem & ædem struere annitimur, variationum in Dialectis incuriosi."

4 S. Anm. 1.

5 Fruchtbringende Gesellschaft. Der Fruchtbringenden Gesellschaft geöffneter Erzschrein. 3 Bde. Hg. v. K. Conermann. Leipzig bzw. Weinheim 1985, zit. *Conermann I–III*. Hier in Bd. I das Faksimile des Köthener Gesellschaftsbuchs von 1629/30 mit Impresen, Gedichten (,Reimgesetze'), Wappen und Eintragungen der ersten 200 Mitglieder. In Bd. III das Mitgliederlexikon mit Kurzbiographien, Literaturangaben und der kritischen Ausgabe aller Texte und Abbildungen mit Kommentar. Im folgenden werden die Mitglieder wie z. B. das erste Gesellschaftsoberhaupt, Fürst Ludwig v. Anhalt-Köthen, unter Angabe der Mitgliedsnummer (nach der Reihenfolge des Eintritts), des Aufnahmejahrs und ggf. des Gesellschaftsnamens gekennzeichnet: FG 2. Der Nährende. 1617. Die Nummer verweist zugleich auf die Stelle, an der das Mitglied in *Conermann I* bzw. *III* behandelt wird.

6 Z. B. in einem Dessauer Aufzug der „Vöckerödischen Pauern" [Vockerode, Dorf b. Dessau], 250218A K V 1. Im selben Aufzug reden und dichten die gleichfalls aus dem Dessauischen kommenden „Pawren von Kleutzsch" und deren Weiber aus Anlaß eines Quintanenrennens.

7 GRAMMATICA UNIVERSALIS: Pro DIDACTICA RATICHII. COTHENIS ANHALTINORUM M. DC. XIX. Zur Bibliographie der Köthener Drucke s. Gerhard Dünnhaupt: Die Fürstliche Druckerei zu Köthen. Ein Beitrag zum 400. Geburtstage des Fürsten Ludwig von Anhalt-Köthen (1579–1650). In: Archiv für Geschichte des Buchwesens 20 (1979), 895–948, zit. DFD; ders.: Personalbibliographien zu den Drucken des Barock. 2. verb. u. wesentl. verm. Aufl. d. Bibliographischen Handbuchs der Barockliteratur. 6 Tle. Stuttgart 1990–1993, zit. DPB, s. v. Ratke; mit vielen Ergänzungen u. Berichtigungen: K. Conermann: Die fürstliche Offizin zu Köthen. Druckerei, Verlagswesen und Buchhandel im Dienste des Ratichianismus und der Fruchtbringenden Gesellschaft (1618–1644/50). In: Wolfenbütteler Barock-Nachrichten 24 (1997), 121–178.

8 [Nicolaus Pompeius]: COMPENDIUM GRAMMATICÆ LATINÆ: AD DIDACTICAM. COTHENIS ANHALTINORUM. ANNO M. DC. XX. Vgl. LEXICON GRAMMATICUM

gehende, für die Anwendung der ratichianischen „Lehr-art" konzipierte deutsche Grammatik[9] als Vorläufer von Christian Gueintz' *Deutscher Sprachlehre Entwurf*[10] und damit als älteste Sprachlehre aus dem Kreis der Fruchtbringenden Gesellschaft zu identifizieren. Wie Gueintz' *Entwurf* unter gelehrten Mitgliedern der Fruchtbringenden Gesellschaft kursierte und von diesen gebessert wurde, wird auch diese frühere Sprachlehre von einem Mitarbeiter des anhalt-köthnischen ratichianischen Reformstabs geschrieben und von anderen Kollaboranten bereichert worden sein. Zu den Köthener Mitarbeitern hatte auch schon Gueintz (FG 361. Der Ordnende. 1641) als Verfasser einer griechischen Version der lateinischen Grammatik Ratkes und als Kompilator eines griechischen Lesebuchs gehört, das auch in deutscher Sprache erschien.[11] Auch Fürst Ludwig hat an den ratichianischen Lehrbüchern für seine Bildungs- und Schulreform mitgearbeitet, wenn wir auch – neben einigen italienischen Ausgaben und Übersetzungen und neben (zum Teil kommentierten) Verdeutschungen – im Bereiche der gedruckten Grammatik nur die italienische Übersetzung[12] des kleinen lateinischen Lehrbuchs Ratkes kennen. Es ist durchaus vorstellbar, wenn auch bisher unbeweisbar, dass einer der beiden oder beide auch schon um 1620 die größere deutsche Grammatik abfassten oder wenigstens daran mitwirkten. Eine zehn Blatt umfassende Liste von Verbesserungen (in der Kopie eines Schreibers) weist selbst wieder viele Korrekturen und Randnotizen auf, die u.a. auch die Hand des Fürsten erkennen lassen. Die Köthener Handschrift definiert noch nach dem Vorbild des kleinen Leitfadens von 1619 als Zweck der deutschen Grammatik: „Die deutsche Sprachlehr ist eine dienstfertigkeit der zusammensetzigen deutschen wörter, rein deutsch zu reden."[13] – wobei der Terminus *rein,* der auch im zitierten *Kurtzen Bericht* der Fruchtbringenden Gesellschaft vorkommt, der in der

---

LATINUM AD DIDACTICAM CONFORMATUM, & in duas partes distributum |quarum prior usitatiora, posterior vero minus usitata & antiqua vocabula complectitur Impressum: COTHENIS ANHALTINORUM M D C XXII. 366, 237 S.

9 Die Deutsche Sprach-lehr zur Lehr-art. Landeshauptarchiv Sachsen-Anhalt/Dessau: Abt. Köthen C 18 Nr. 55. Zit. *Hs. Kö.* In Zusammenarbeit mit der Arbeitsstelle Fruchtbringende Gesellschaft der Sächsischen Akademie der Wissenschaften zu Leipzig entstand eine erste Evaluation des Fundes im Artikel von Boris Djubo: Tradition und Wandlungsprozesse in der Grammatikographie der ersten Hälfte des 17. Jahrhunderts. Zu Christian Gueintz' Grammatik. In: Wolfenbütteler Barock-Nachrichten 35 (2008), 93–114. Eine kritische Ausgabe ist geplant.

10 Christian Gueintzen/ Deutscher Sprachlehre Entwurf. Gedruckt zu Cöthen im Fürstenthume Anhalt/Jm Jahre CHRisti 1641. Ndr. Hildesheim u.a. 1978. Zit. *Gueintz: Sprachlehre.*

11 ΓΡΑΜΜΑΤΙΚΗ ΚΑΘΟΛΙΚΗ 'υπὲρ της ΔΙΔΑΚΤΙΚΗΣ ΤΟΥ ΡΑΤΙΧΙΟΥ ΚΟΦΗΝΗΣΙ ΤΩΝ ΑΝΑΛΤΙΝΩΝ α χ' ιθ'; ΤΟΥ ΕΛΛΗΝΙΣΜΟΥ ΓΥΜΝΑΣΜΑ προς τήν ΔΙΔΑΚΤΙΚΗΝ. ΚΟΘΗΝΣΙ ΤΩΝ ΑΝΑΛΤΙΝΩΝ α χ' κ' Vgl. (fehlerhaft) *DFD* Nr. 9 u. 32; *DPB* 3276 u. 3280; Griechischer Sprach Vbung/Jns Deutsche gebracht/Zur Lehr-Art. Zu Cöthen Jm Fürstenthumb Anhalt/M. DC. XX. *DFD* Nr. 33; *DPB* 3280.

12 LA GRAMMATICA UNIVERSALE PER LA DIDATTICA. A Coten nel Principato d'Anald. l'anno M. DC. XX. Zum Werkverzeichnis Fürst Ludwigs s. *DPB* (s. v. Ludwig) u. in Form einer inhaltlichen Erschließung K. Conermann: Editionsdesiderate: Die Werke der Fürsten Ludwig und Christian II. von Anhalt im Kontext der Akademiearbeiten der Fruchtbringenden Gesellschaft. In: Chloe 24. 1. Tl. (1997), 391–490.

13 Bl. 11r. Vgl. Allgemeine Sprachlehr: Nach Der Lehrart RATICHII. Zu Cöthen/Jm Fürstenthumb Anhalt. M. DC. XIX. S. 1: „Die Sprachlehr ist eine Dienstfertigkeit zur reinen Sprache". Vgl. Grammatica Universalis (1619), 1: „Grammatica est habitus instrumentarius ad purum sermonem."

lateinischen Rhetorik und Grammatik verlangten Stiltugend der Puritas entspricht. Puritas verlangt auch die Vermeidung unnötiger Fremdwörter[14], dient aber recht eigentlich dem höheren Stilideal der Latinitas, die die ausführliche lateinische Grammatik von Pompeius erwähnt: „Grammatica Latina est habitus instrumentalis[15] dictionum latinarum conjungendarum, ad latinitatem."[16] Der Ausdruck *habitus instrumentalis*, Dienstfertigkeit, bezeichnet dabei einen sprachpropädeutischen Zweck, keinen sprachphilosophischen Begriff. Habitus wird auch gebraucht in allen anderen Büchern zum Vorhaben der ratichianischen Encyclopedia, der Propädeutik aller zu lehrenden und lernenden Wissenschaften. Augustus Buchner (FG 362. Der Genossene. 1641) machte differenzierend darauf aufmerksam, daß die zur Latinitas führende Puritas eine über die Richtigkeit hinausgehende höhere Qualität der Rede beinhalte (welche nicht nur Regeln der Ratio durch Analogia und Etymologia befolgt und Barbarismus und Solözismus vermeidet, sondern auch Idiomatik und Pragmatik verfolgt): „Dann die reinligkeit der Sprache kann nicht durch und durch auß der Grammatica oder Sprachlehre erlernet werden, allß wie derselben richtigkeit. Dann diese bestehet uff gewißen regeln und sazungen, iene aber nicht. Und ist ein anders den regeln und der Sprachlehre nachreden, ein anders, wie es die reinligkeit und eigene art der Sprache erfordert. Allß wann ich sagte, ein Pferd ernehren, da weren die wörter zwar alle Deutsch, Sie wehren richtig geordnet oder gefügt, und dennoch were die rede nicht rein-Deutsch. Dann der Deutsche sagt nicht, ein Pferd ernehren; sondern, ein Pferdt halten." (400122 I). Eine Stilqualität wie die Latinitas sei daher auch im Deutschen anzustreben. Damit war das Programm der Spracharbeit dieser Akademie über die ratichianische Propädeutik hinaus in einem für die Ausbildung der Hochsprache entscheidenden Punkt geschärft und erweitert. Fürst Ludwig von Anhalt-Köthen, das erste Oberhaupt der Fruchtbringenden Gesellschaft, schlug daher die Formulierung „Recht und rein deutsch" bei der Durchsicht der ihm von Gueintz vorgelegten Fassung der Sprachlehre von 1641 vor.[17] Diese bestimmt dann als ihr

---

14 *Hs. Kö.*, Bl. 15v spricht von der Reinlichkeit der deutschen Sprache: „Ihre reinligkeit erscheinet daher, das sie nicht wie andere viell frembder Wörter bedürftig, sondern mitt ihren eignen züreichen kan."

15 Solcher Habitus gehört dabei nicht zur „Didactica" („Lehr-Art") oder zur „Technologia" („Handwercks-Lehr"), sondern ist im dichotomischen Stemma der „All-Vnterweisung" („Encyclopedia") Ratkes in der „Gemüts-Lehr" („Dogmatica ... Instrumentalis") als „Dienst-Lehre" der Rede verortet. Diese Dienstlehre erstreckt sich innerhalb der Dogmatica instrumentalis auf Ratio und Oratio, d. h. auf „Logica" („Vernunfftlehr") bzw. auf die Dreiheit von „Rhetorica" („Rednerlehr"), „Poëtica" („Gedichtslehr") und „Grammatica" („Sprachlehr"). ENCYCLÖPÆDIA Pro DIDACTICA RATICHII. COTHENIS ANHALTINORUM M. DC. XIX.; AllVnterweisung Nach Der LehrArt RATICHII. Zu Cöthen/Jm Fürstenthumb Anhalt/M. DC. XIX.

16 Pompeius: Compendium, 3.

17 400122 T I b. Buchner hatte in einer ihm zur Kritik vorgelegten Fassung der Gueintz-Sprachlehre aus dem Jahre 1639 den Ausdruck „Rein Deutsch" gefunden und dazu bemerkt: „Es kann zwar dieses wol stehen bleiben, doch wolte ich lieber sezen, recht Deutsch &c. allß rein &c." (400122 S. 420). Der Fürst verstand wohl, dass Buchner mit „rein" ein Stilideal bezeichen wollte (das selbstverständlich grammatische Richtigkeit voraussetzte) und akzeptierte den Hinweis, dass *rein* in der Buchner vorliegenden Fassung auch nur als purus verstanden werden könnte. Um sowohl die grammatische als auch die stilistische Qualität zu verdeutlichen, schlug er daher vor: „Könte vielleicht woll beydes stehen Recht und rein deutsch." *Gueintz: Sprachlehre*, 1 verunklärte dies wiederum in dem im folgenden zitierten Satz.

Ziel „eine dienstfertigkeit der zusammensetzlichen Deutschen wörter recht rein Deutsch zu reden".

Das Köthener Manuskript spricht ursprünglich von „deudschheit"[18] – als Entsprechung zu „latinitas" im Sinne einer authentischen deutschen Sprache, die neben der grammatischen Richtigkeit auch die idiomatisch-stilistisch-rhetorischen Qualitäten berücksichtigt. Der damals offenbar sehr seltene Ausdruck ‚Deutschheit' bzw. ‚Teutschheit' begann aber offenbar im Laufe des 17. Jahrhunderts Akzeptanz auch im Sinne von „integritas, fides, & religio Germanis propria"[19] zu entwickeln und bereicherte in seiner Nachwirkung den „Wortschatz der patriotischen Bestrebungen des 18. Jahrhunderts, die […] bei Klopstock, seinen Nachfolgern und in der sogenannten Deutschen Bewegung von Herder bis zur Romantik sich voll entfaltet haben […]."[20] Das hatte der Gutachter aber offenbar nicht im Sinne, denn er ersetzte „deudschheit" in der ihm vorliegenden Fassung der Handschrift durch „die deudsche art zu reden", um dadurch den idiomatischen Anspruch zu verdeutlichen.

Damit waren aber die Kriterien einer deutschen Hochsprache in der Fruchtbringenden Gesellschaft auch noch nicht ausreichend bestimmt, denn das richtige und reine Deutsch mußte zwar grammatikalisch geregelt, die Eigentümlichkeiten seiner Ausdrucksweise jedoch nach dem Sprachgebrauch und am Vorbild autoritativer Texte gemessen und entwikkelt werden. Schon Quintilian hatte für die Latinitas der Rede Ratio, Auctoritas, Vetustas und Consuetudo (inst. 1,6,1-3) verlangt. Zum zentralen Thema der in der Gesellschaft seit 1638 auflebenden Sprachdebatte wurde das rechte Verhältnis von Ratio und Consuetudo bzw. Usus bei der Regulierung des Deutschen. Während der Nürnberger Georg Philipp Harsdörffer (FG 368. Der Spielende. 1642), der Braunschweiger Schottelius und andere in

---

18 Die Korrekturliste in *Hs. Kö.* verbessert Bl. 2v „deudschheit" durch „die deudsche art zu reden". Die an dieser Stelle bereits korrigierte Handschrift der Sprachlehre formuliert stattdessen „die Deutsche sprache" (Bl. 11r). Fürst Ludwig vermerkte hierzu „Aliud est Germanismus, aliud Lingva Germanica." Da er in 390121 „die angeborne Deutschheitt" sebst benutzt, ist seine lateinische Randnotiz nicht als Kritik an der Wortbildung aufzufassen. Noch Campe versteht Germanismus in diesem Sinne als „Ein Deutscher Ausdruck, der den Regeln, dem Geist der Deutschen Sprache angemessen, in einer andern Sprache aber fremd ist und derselben nicht eingemischt werden darf […]." Joachim Heinrich Campe: Wörterbuch der Deutschen Sprache I (Braunschweig 1807), 710. Im Umkehrschluss definiert er „Germanismus oder Germanism, ist eine Eigenheit der Deutschen Sprache, oder Deutsche Spracheigenheit, die man fehlerhafter Weise einfließen lässt, indem man eine fremde Sprache redet oder schreibt." Campe: Wörterbuch zur Erklärung und Verdeutschung der unserer Sprache aufgedrungenen fremden Ausdrücke …. Neue starkvermehrte … Ausgabe. Braunschweig 1813, 338.
19 [Caspar Stieler]: Der Deutschen Sprache Stammbaum und Fortwachs/oder Teutscher Sprachschatz […] von dem Spaten (Nürnberg 1691), 2278 (Ndr. München 1968, hg. v. St. Sonderegger). Vgl. Jacob u. Wilhelm Grimm: Deutsches Wörterbuch. Bd. 2. Leipzig 1860, 1051 (einziger früherer Beleg bei Oswald v. Wolkenstein: „mein teutschikait"). Vgl. außerdem Feldmann in: Zeitschrift für deutsche Wortforschung 6 (1905/6), 107 mit einem Beleg für das nationalethische Verständnis des Worts in Johann Matthias Schneuber: Gedichte (1644) 1, 8: „Wie geneygt Er auch seie | meine | so zu reden | Deutschheyt | wider die bissige Neider und unverschämte Spötter zu entschuldigen | dessen hab ich Kuntschaft bekommen."
20 Deutsche Wortgeschichte. Hg. v. F. Maurer u. F. Stroh. 2. neubearb. Aufl., Bd. 2. Berlin 1959, 54, vgl. 353. Vgl. auch Friedrich Rückerts satirisches Gedicht „Grammatische Deutschheit".

der antik und mystisch fundierten Tradition der Sprachphilosophie die Ratio in der Natur (physis) der Sprache fanden und durch analoge Bildung die „grundrichtige" Wortform[21] ermitteln wollten, rückten der anhaltische Fürst und der Hallenser Gueintz Übereinkunft und Setzung (thesis)[22] in den Vordergrund und machten damit eine vernünftige Regulierung vom modernen Gebrauch abhängig, den sie von schlechter, unvernünftiger Übung unterschieden. Schon die frühen Titelblätter der ersten ratichianischen Köthener Bücher wiesen als Motto auf „RATIO VICIT. VETUSTAS CESSIT." Gueintz konstatiert einmal: „Waß im gebrauch, wirdt billich nach der vernunft erhalten." (400301 I). Ein so geregelter Usus modernus bleibt aber, da er die Frage nach der Setzung bzw. Herkunft der sprachlichen Zeichen impliziert, wiederum an die Ergründung der Vetustas als eine Quelle von Auctoritas gebunden.

Die handschriftliche Sprachlehre behauptet: „Den Ursprung belangende ist die Deutsche sprache mehrentheils von der Hebræischen entsprungen." (Bl. 11r) und beruft sich dazu auf die Gewährsmänner Sebastian Münster, Strabo, Eusebius, Hieronymus und die aramäischen Paraphrasen und Erklärungen der hebräischen Bibel. Die 1641 veröffentlichte Sprachlehre schreibt „Die Chaldeische Ausleger Ezech. 17.4 und 38.6. haben Domus Thogarma Deutschland verdolmetschet. Auch hat im ersten buche Mosis am 10. cap. v. 3. für Thogarma Targum Hierosolymitanum, Germaniam/ und 1. Chronic. 1.6. stehen Ascenas und Thogarma beysammen. Dieser Thogarma aber war ein sohn des Gomers und nachkömling Japhets/ nach der Schrift des Ascenas bruder. Daher durch vorsetzung des vornenworts du/ und aus Ascan Duascan ist/ und von dem Duatsch Deutsch gemacht worden/ und wird Tuascon gesagt/ gleichsam als Duascan."[23] Da die der Handschrift vor-

---

21 Hiroyuki Takada: Grammatik und Sprachwirklichkeit von 1640–1700. Zur Rolle deutscher Grammatiker im schriftsprachlichen Ausgleichsprozeß. Tübingen 1998, bes. 29ff.

22 Vgl. allgemein Eugenio Coseriu: Die Geschichte der Sprachphilosophie von der Antike bis zur Gegenwart. Eine Übersicht. Tl. 1 Von der Antike bis Leibniz. Tübingen 1969; ders. u. Bimal K. Matilal: Der φύσει-θέσει-Streit/ Are words and things connected by nature or by convention? In: Sprachphilosophie. Ein internationales Handbuch zeitgenössischer Forschung. Hg. v. Jürgen Baurmann u.a. 1. Halbbd. Berlin usw. 1996, 1608–1616. Zur Bedeutung der Kontroverse in der Fruchtbringenden Gesellschaft vgl. Markus Hund: „Spracharbeit" im 17. Jahrhundert. Studien zu Georg Philipp Harsdörffer, Justus Georg Schottelius und Christian Gueintz. Berlin usw. 2000, 32ff.

23 *Gueintz: Sprachlehre*, 3 (recte Ezech. 27. 14). In 1 Chron. 1, 6 werden als Söhne Gomers Aschkanaz, Riphat und Togarma benannt. Im aramäischen Targum Jonathans bieten Ezech. 27, 14 und 38, 6 nichtvokalisiert grmmj(a) (אימּמרג), was oft zu Armenia, in Gueintz' Sprachlehre aber offenbar zu Germania umgedeutet wurde. The Bible in Aramaic ... ed. by Alexander Sperber, Vol. III The Latter Prophets according to Targum Jonathan. 2nd impr. Leiden etc. 1992, 328 u. 357. S. *Hs. Kö.*, 12r (ehemals p. 3): „Sintemal das wort deutsch vom Tuiscone, welches vom Ascane herkommen, [*gestrichen* <wie auch Ascanien>]. Und ist dieser (wie Münsterus [...], und die Chaldæische ausleger Ezechielis am 35. Cap [recte 38, 6]: Domus Togarma Deutschland verdolmetschen[,] auch im ersten Buch Mosis am 10, 12. [*recte* 10, 2] für Gomer Targum Hierosolymitanum Germania [*aus:* garmania<...>]) ein Sohn des Gomers, und nachkömling Japhets. Durch Vorsetzung aber des Vornennwortts Du, ist aus Ascan, Tuiscon, und dannenhero Duitsch und deutsch gemacht worden. Und wird Tuiscon gesagt, gleichsam als Du Ascan." Vgl. Bl. 15r „Weil denn die Historienschreiber gnugsam anzeigen, das Tuisco der erste Deutsche, im Jahr nach erschaffung der Welt 1787, und also 2168 Jahr vor Christi Geburt regieret habe, ist leichtlich zuschließen, das sie [die deutsche Sprache, K. C.] viel älter, und demnach fürtrefflicher sey, als diejenigen Sprachen, so von der Lateinischen

gebundenen Korrekturen nicht nur selbst wiederum von verschiedenen Händen gebessert wurden, sondern oft schon in der Abschrift der Sprachlehre verwertet worden waren, kann eine Marginalnote der Liste auch die Ausführungen der handschriftlichen Sprachlehre zum hebräischen Ursprung der deutschen Sprache bereichert haben. Unter Berufung auf Blatt 3 dieser Fassung der Sprachlehre schrieb ein Unbekannter nämlich an den Rand: „p. 3. Gen. 10.2. pro Gomer Targum Hierosolymitanum habet אִינַטְרַג [Garəmanija] p. 3. ante זנכשא [ašəkənaz] vocab*ulum* וְכשִׁי [išəkon[24]] Ge[n]. 9.27 non Litera ד [dalet] vero ה [vorangestellter Artikel he] notificatum est Chal*daice* Germ[.] et Germani ita indicuntur."[25]

Die Erstveröffentlichung des früher Jonathan ben Uzziel zugeschriebenen vollständigen Targum jeruschalmi zum Pentateuch erfolgte 1590/91,[26] jedoch war schon 1516/17 in

---

Sprachen, zur Römer Zeit, und hernach, ihren Ursprung gewonnen." Vgl. Teütsche Sprach vnd Weißheit. THESAVRVS LINGVAE ET SAPIENTIAE GERMANICAE … studio Georgij Henischij (Augustae Vindelicorum 1616: David Francus), 684: „Alij deriuant à Tuiscone, Gomeri filio, Iapheti nepote, Nohami pronepote, quem Moyses Ascenam vel Ascenem nominat q. de Ascenes, quod ignis sacri sacerdotem significat, hoc est, cultorem veræ religionis."

24 Sic! Hebr. Bibel: išəkon, auch in der Köthener Ausgabe der Genesis: M. DC. XXII. בר ווֹעֲה הפ וְטוֹק רפס תישאר ב ספרנ מע

25 Im babylon. Talmud (Joma 10a) heißt es „Es steht geschrieben: die Söhne Jafets waren Gomer, Magog, Madai, Javan, Meschech und Tiras (Gen. 10,2). Gomer – das ist Germamja. Magog – das ist Kintai [...]" (d. i. wohl Siebenbürgen als das Land der Goten in Ungarn bzw. Rumänien). Rabbinischer Kommentar zum Buch Genesis. Darstellung der Rezeption des Buches Genesis in Mischna und Talmud unter Angabe targumischer und midraschicher Paralleltexte. Zusammengestellt, übersetzt und kommentiert von Dirk U. Rottzoll. Berlin usw. 1994, 189. Ein anderer, palästinischer Traktat (Megilla 71b) nennt das Gebiet Gomers girmamja (S. 191). Rottzoll bemerkt hierzu, daß heute darunter Germanien oder auch „Karmanien" bzw. Kirman, eine Küstenlandschaft am persischen Meerbusen, verstanden wird. Vgl. ebenfalls den Kommentar der im Besitz auch Fürst Ludwigs befindlichen reformierten lat. Bibel, hier zit. nach: Testamenti Veteris BIBLIA SACRA, [...] Latini recens ex Hebræo facti, brevibusque Scholiis illustrati ab Immanuele Tremellio, & Francisco Junio [...] Editio septimo (Hanoviae: Dan. ac Dav. Aubriorum 1624; Typis Wechelianis), 13 (Genesis): „Huic [= Gomero] Hierosolymatus [= Targum jeruschalmi] sedem Germaniæ tribuit. sed procul dubio legendum Carmaniæ, regionis trans Persidem." Vgl. E. G. Clarke with collaboration by W. E. Aufrecht, J. C. Hurd, and F. Spitzer: Targum Pseudo-Jonathan of the Pentateuch: Text and Concordance. Hoboken, N. J. 1984, S. 697: Der Ländername אינמרג kommt nur einmal im pseudo-jonathanischen Targum des Pentateuch vor. S. Rottzoll, 189 Anm. 4.

26 Ḥamischah ḥumsche torah (Venetsija: Bragadin 1590), SB Berlin PK, Sign. Bl 3510. Nach einer anderen Handschrift: Pseudo-Jonathan (Thargum Jonathan ben Usiël zum Pentateuch). Nach der Londoner Handschrift (Brit. Mus. add. 27031) hg. v. M. Ginsburger. Berlin 1903, S. III. Vgl. Uwe Gleßmer: Einleitung in die Targume zum Pentateuch. Tübingen 1995. Vgl. auch Biblia polyglotta Matritensia Series IV Targum Palaestinense in Pentateuchum. Additur Targum Pseudojonatan ejusque hispanica versio. L. 1 Genesis. Editio critica sub directione Alexandri Diez Macho. Matriti 1988, 62 f.: Das Targum Palaestinense einer Vatikan-Handschrift von 1504 (sog. Neofiti I) und das Jonathan zugeschriebene Pentateuch-Targum lesen אינמרג; Midrasch Bereschit Rabba und die venezian. Ausgaben dieses Traktats schreiben אנמריג, S. 417. Vgl. Der Midrasch Bereschit Rabba, das ist die haggadische Auslegung der Genesis. Mit einer Eimleitung v. F. Fürst. Noten u. Verbesserungen v. J. Fürst u. O. Straschuhn u. Varianten v. M. Grünwald. Leipzig 1881 (Nachdr. Hildesheim 1967), 163 f. (Gen. 10,2): „Und die Söhne Japhets sind Gomer und Magog, was nach R. Samuel bar Ami auf Afrika, Germanien, Medien, Macedonien, Iseien, Bythinien und Theras hindeutet. R. Simon versteht unter dem letzteren Persien, nach den Rabbinen ist es Thracien. V.

der Bomberg'schen Biblia Rabbinica ein fragmentarischer „Targum Jeruschalmi" erschienen.²⁷ Im Pseudo-Jonathan heißt es zu den Versen Gen. 10, 2–3: „Die Kinder des Japhet sind: Gomer und Magog und Madai und Jawan und Tubal und Mesech und Tiras. Und die Namen ihrer Länder sind: Afrika und Germania und Tamdije und Mazedonia und Jatinia und Usia und Tarke. 3 Und die Kinder Gomers sind: Aschkenaz und Ripat und Tugarma."²⁸ Der Kommentar am Rande der Korrekturvorschläge in der Köthener Handschrift verbindet nicht nur Gomer, sondern auch dessen Sohn mit Germanien. Er unterstützt damit auch die in dem Manuskript behauptete Abstammung des Deutschen aus dem Hebräischen. Der Verfasser der Marginalnote wußte jedoch nicht, daß in anderen palästinischen Targum-Handschriften der Japhet-Sohn Magog und dessen Sohn Aschkenaz und nicht Magogs Bruder Gomer mit Germanien verknüpft werden.²⁹ Der Name des Noah-Urenkels lautet in der

---

3 Und die Söhne Gomers sind: Aschkenas, Riphath, Thogarma. Letzteres ist Asien, Riphath d. i. Adjabene, Thogarma d. i. Germanien oder nach Berachja: Germanika."

27 Auch Jonathans Targum zu den späteren Propheten. Benutzt Biblia Rabbinica (Venedig 1524–25), Mikrofiche des Exemplars der Bibliotheca Palatina: S 36.

28 Die aramaeischen Bibel-Versonen (targumin) Targum Jónatan ben Uzij'el und Targum Jerušalemij, Text, Umschrift und Uebersetzung hg. v. M. Altschueler Vol. I: Genesis. Wien und Leipzig 1909 (Orbis Antiquatum, Pars I, Tom. I, Vol. I), 51. Lautschriftlich „bənój dəjefet gómar wúmagóg wúmadai wəjawan wətúbal úmesek wətijras wəšúm ˌaparəkəjútəhón ˌafərijqej wəgarəmanəja' wətamədije wúmaqedónija' wəjatinəja wə'úsəja' wətarəqej 3 wúbənój dəgómer ˌašəkənaz wərijfat wətógarəma'."

29 Arno Borst: Der Turmbau von Babel. Geschichte der Meinungen über Ursprung und Vielfalt der Sprachen und Völker. 4 Bde. in 6 Tln. Stuttgart 1957–63, I, 194f. Der Korrektor der Köthener Handschrift führt in unserer Liste das Targum jeruschalmi an der Stelle Gen. 10, 2–3 an, jedoch offenbar in einer anderen Version. Vgl. die erste lat. Übersetzung TARGUM HIEROSOLYMITANVM, IN QVINQVE LIBROS LEGIS è Lingua Chaldaica in Latinam conversum, OPERA FRANCISCI TAYLERI; ANGLI; VERBI DIVINI IN ÆDE CHRISTI APUD CANTUARINENSES CONCIONATORES: UNA CUM NOTIS MARGINALIbus sensum locorum difficilium exprimentibus. LONDINI, Typis T. HARPERI, Impensis L. SADLER ... 1649, 5: „Filii Japheti. Filii Japheti Gomer. Et nomen præfecturarum illorum Africa, & Germania, & Media, & Macedonia, & [...] Athenæ, & [...] Assos, & Thracia." Die Stellenangabe „Filii Japheti Gomer" läßt die Namen der übrigen Söhne anfangend mit Magog aus, so daß Gomer nicht nur als Empfänger von Afrika [recte Phrigia], sondern auch von Germania und den anderen Weltgegenden erscheinen könnte. Zu Gen. 10, 3 übersetzt Taylor nach dem ihm vorliegenden Targumtext allerdings „Et Filii Gomer. Et filii Gomer, & nomen perfectuarum [richtig: præfectuarum] illorum Asia, [...] Phrygia, & Barbaria." Die Gomer folgenden Söhne Japhets werden z. Tl. auch in Fragmenten des Jerusalemer Talmud wie Vaticana ms. heb. 440 und Sassoun de Lechworth ms. 264 ausgelassen, so daß ohne den Vergleich mit der Ps.-Jonathan-Stelle und der Bibel auch Afrika und Germanien Gomer statt Magog zugewiesen zu sein scheinen. In der Version Neofiti I und Ps.-Jonathan jedoch werden Gomer auf Afrika (bzw. Phrigia) und Magog auf Germania verwiesen. S. Biblia Polyglotta Matritensia, 62. Vgl. auch die Wiedergabe des jerusalemischen Targum in: Die aramaeischen Bibel-Versonen, 51 u. 40 „bənoj dəjefet gómer wəšúm ˌafarəkajútəhón ˌafrijqej wəgarəmanəja' wúmadaj wúmaqədónəja' wəjetanəja wa'anasəja' wətarəqej. 3 wúbənój dəgómer wəšúm ˌafarəkajútəhón ˌasəja' wúparəkawaji wúbarəbərij'ah"; „Die Kinder des Japhet, Gomer; und der Name ihrer Länder ist: Afrika und Germania und Madai und Mazedonia und Jetinia und Anasia und Tarke. 3 Und die Kinder des Gomer und der Name ihrer Länder: Asia und Parchewan und Berberia." – Ein zusammenhängender Text wie der Pseudo-Jonathans scheint auch nach der Erstveröffentlichung zunächst oft unzugänglich geblieben zu sein. Vgl. Wilhelm Schickard: BECHINATH HAPPERUSCHIM, Hoc est Ex-

hebräischen Bibel Gen. 10, 3 Aschkanaz und Gen. 9, 27 Ischkon. Das erschien als Angebot, die Dynastie der Askanier genealogisch von Aschkanaz herzuleiten.[30]

Offenbar ist für Gueintz wie auch für die Köthener Handschrift der Sprachlehre Vetustas, damit auch Alter und Autorität, Vorrang und Vollkommenheit der deutschen Sprache, nicht ohne den Ursprung im biblischen Altertum denkbar.[31] Daher stellt die Handschrift gleich anfangs fest „Das Deutsche wird genennet von Tuiscone, welcher der erste einwohner vnd erbawer Deutschlandes ist." (Bl. 11v) und gibt als Quelle an „Aventinus im ersten Buch der Beyerischen Chronick, am anfang."[32] In einem Brief aus dem Jahre 1623,

---

aminis Commentationum Rabbinicarum in Mosen PRODROMVS vel Sectio prima, complectens GENERALEM PROTHEORIAM DE 1. Textu Hebraico 2. Targum Chaldaico 3. Versione Græcâ 4. Masóreth 5. Kábbalah 6. Peruschim (Tubingae 1624: Vidua Johan-Alexander Cellius 1624), 37. Schickard kennt nur einen fragmentarischen „Pentateuchi Thargum ... Jerosolymitanum", wobei er diesen „Cento" aber weder als eine ursprünglich unvollständliche Niederschrift noch für die Ruine eines zerstörten Ganzen auffassen will: „unde diversarum potius versionum Collectanea, & unum, è celebrioribus Thargumistis consarcinatum quasi Centonem esse, probabiliter concludo […]."

30 *Gueintz: Sprachlehre,* 3 streicht zwar die Hinweise auf Ascan (bzw. Ascanien) in *Hs. Kö.* 12r, tut dies aber nur, weil im Druck schon vorher erklärt worden war: „Sintemal Deutsch vom Tuiscone/ welches wort vom Ascane herkommen/ wie auch Ascanien/ davon die Fürsten zu Anhalt annoch ihren Titul haben:" (S. 2). Vgl. z. B. auch Schottelius: Ausführliche Arbeit, 34 f.: „Adam zeugte den Seth, dieser den Enos/ [usw.] den Noa/ dieser den Japhet/ dieser den Gomer/ dieser den Ascenas/ und dieser Ascenas (wie gesagt) ist ein Altvater der Teutschen/ hat mit sich die alte Celtische oder Teutsche Sprach von Babel gebracht […] der Ascenas ist ein Vater der Ascaniter oder der Teutschen. Und ist das Wort Ascanien bekant/ so eine Graffschafft in dem Fürstentuhme Anhalt ist. Jst auch der Nahm Asch oder Schen Ascenas/ Lateinisch Ascanius noch heutigen Tages bräuchlich […]. Dieses Nahmens gedencket auch Aventinus." S. Anm. 29.

31 *Hs. Kö.,* Bl. 15r „Die Fürtrefligkeit derselben belangende, ist sie andern Sprachen so weit fürzuziehen, als sie dieselben am alter übertrifft."; „Die Völlkommenheit derselben ist so gros, das auch fast nichts mag gefunden werden, welches man in dieser Sprache nicht nennen könte." *Gueintz: Sprachlehre,* 8 u. 11 folgt hierin, spricht aber von „Völligkeit" statt Vollkommenheit. Zu einem differenzierenden Umgang mit Alter und Autorität vgl. unten Augustus Buchner in 400122 I.

32 *Hs. Kö.,* Bl. 11v; inhaltlich übereinstimmend *Gueintz: Sprachlehre,* 1. Vgl. z. B. IO. AVENTINI ANNALIVM BOIORVM Libri VII Ex autenticis manuscriptis codicib. recogniti, restituti, aucti. NIC. CISNERI ... (Basileae ad Perneam Lecythum 1580), 10: „Ab illo Tuiscones etiam nunc adpellamur, Itala, & nostra nimirum Saxonum lingua, qua & inferiores Germani vtuntur." Die in Fürst Ludwigs Besitz befindliche deutsche Ausgabe: Johannis Aventini/ Des ... Beyerischen Geschichtschreibers Chronica ... durch ... Niclaus Cisner ... in Druck gegeben/ vnd mit nützlichen Glossen illustriert ... . An jetzo ... von newem durchsehen ... vermehret. (Franckfort am Mayn: Jacob Fischers S. Erben 1622). S. 230819 K 4. Die Chronik könnte auch den Tuisco-Mythos in der Sprachlehre gefördert haben, denn Aventinus sagt: „[…] der großmächtig Rieß vnd Reck Tuitsch oder Teutsch (im Latein vnd griechischen Tuischon genennt) ein Sohn Noah/ geboren nach der Sündflut/ ein Vatter/ Herr vnnd Anfang aller Teutschen/ Winden/Wenden vnnd Dennmärcker/ macht sich in Armenien/ mit dreyssig Helden/ seinen Vettern/ so seiner Bruder/ Sem vnd Japhet/ Söhne/ seine Enckel vnnd Vrenckel waren/ zoge also mit viel Volcks auß Armenien/ auß dem Land vber das Wasser Dan/ in Europam vnnd Germanien […]." Ein Gefährte Tuischons sei Gomer gewesen, und von dessen Sohn Asch heißt es: „Asch ist Teutsch gewesen/ hat von jhm [Gomer] Polen vnnd Preussen etwan vor vielen Jahren Aschaburg geheissen/ wie Ptolemeus anzeigt/ von ihm sollen jhr herkommen haben die Gotländer/ Also sagen Josephus/ Eusebius vnnd Hieronymus/ heist im Latein Ascanius. Die H. Schrifft nennt jhn Ascaneß/ davon die jetzigen Juden vns Teutschen noch Askeneß nennen." (S. 27).

also ungefähr aus der Entstehungszeit der ursprünglichen Köthener Sprachlehre, berief Fürst Ludwig sich auf eine Etymologie von Germania, die er nicht in der Bibel, sondern bei Aventinus selbst in der lateinischen und deutschen Sprache gefunden hatte.[33] Er nennt in diesem Schreiben die der Pflege der Muttersprache gewidmete Fruchtbringende Gesellschaft auch deshalb eine deutsche Gesellschaft, weil ungeachtet anderer Erklärungsmöglichkeit die Römer das Wort Germanus von lateinisch germinare, fruchtbringen, erklärten, es aber in Wirklichkeit im kriegerischen Sinn auf deutsch *ger* (begierig) und *man* zurückgehe. Zwischen den Ableitungen aus dem Hebräischen, Aramäischen, Lateinischen und Deutschen besteht in den Augen des Fürsten, vieler Fruchtbringer und der Mitarbeiter der deutschen Sprachlehre wohl auch deshalb kein Widerspruch, weil solche Etymologien auch das Deutsche auf die heilige Sprache vor der babylonischen Verwirrung der Sprache zurückzuführen erlauben.

Fürst Ludwig schrieb an Buchner im Zusammenhang mit dessen Gutachten über Gueintz' Sprachlehre (400214 I): „D[er] ursprung der Regeln kommet aus dem gebrauche und der gewonheitt, und [nicht] der erste gebrauch aus den regeln her. Do unsere sprache nun n[och] lebet und nicht abgestorben ist, weill man sie nicht aus bü[chern,] wie nunmehrs die Hebraische[,] Lateinische und Griechische lernen muß, sond[ern] vom gehöre begreiffett, kan man ietzo, und gebuhret uns die Regeln desto richtiger nach ihrer artt und ausrede zu machen, also wird sie gebuhrlich ausgeubett, und bleibett man nicht bey der alten ungegründeten gewonheitt." Solche Begründung der Hochsprache aus Usus und Consuetudo wurzelt tiefer als bisher angedeutet. Fürst Ludwig hatte in Italien den Florentiner Laienhumanismus und die italienische Questione della lingua vor allem durch die Werke Giovan

---

33 230819, an Fürst Christian II. v. Anhalt-Bernburg (FG 51. Der Unveränderliche. 1622): „Worumb ich aber hier diese gesellschafft nechst ihrem bekanten nahmen (der fruchttbringenden) auch die deutsche nenne, geschichtt nichtt alleine darumb billich, das sie zu außubung dieser vnserer Muttersprache von deutschen angerichtet, sondern auch weill in bewehrten geschichttschreibern, furnemlich aber in der Beyerrischen Chronicka Hans Thurmeyers von Abenßperg, zu latein Johannes Aventinus genantt, von dem ursprung des nahmens German, oder Germani vnter andern diese meinung gesetztt, als wen es bey etzlichen von dem lateinischen wortt Germinare, sproßen, herfurscheußen oder fruchtbringen, hergenommenm werde, worinnen dan also der rechte verstandt des erwehlten nahmens dieser gesellschafft außer zweifels vorerst in einem wortt angedeutet, dan sie ist erstlich Germann, deutsch, vnd hatte dan den nahmen der fruchtbringenden als germinantis an sich genommen, (wiewoll sonsten hierbey zu bemercken, das die eigentliche bedeutung des nahmens Germans dessen ist, der gerne an den Man oder des Mannes ihn zu bestreiten begierig ist)." Aventinus' deutsche Chronica, 79–83 führt 7 Namen der Teutschen an, darunter den, „so Germanus vnd Germania ist." Hierzu referiert die Ausgabe Cisners vier Deutungen, u.a. die, „daß Germanus vnd Germania Lateinische Wörter seyn/ aber gezogen von dem Wort germinare, so im Latein vnd bey den Römern eygentlich heist/ Prosten oder Prossen gewinnen/ vnd herfür schieben vnd schiessen/ wird auch herfür wachsen vnd Fruchtbringen/ genommen. Vnnd darumb das Teutschland so viel vnsäglich Volck hat/ sol es von den Römern (wöllen die) Germani [ein Land das viel Volck germiniert/ gebieret vnd herfür bringt] genantt worden seyn/ daß/ wer auff vnser Spraach das land/ darinn die Leut wachsen auff den Bäumen." Aventinus meint dazu: „Vnd mögen diese vier Meinungen wol alle wahr sey[n]/ dann müglich ist/ daß sie die Teutschen am ersten/ wie Tacitus sagt/ Germannen/ das ist/ die freudig sind/ deß Manns begehren/ genannt haben/ da darnach die Römer an dem Rhein gekriegt haben/ vnd solchen Namen gehöret/ haben sie nach Art jhrer Sprach/ obgenante Meinung verstanden." (S. 83).

Battista Gellis kennengelernt. Er übersetzte, edierte und kommentierte auch zwei Werke Gellis, *I Capricci del Bottaio* (1619) und *La Circe* (1619). Durch die Verpflichtung des Basler Philosophen Ludwig Lucius zur Verdeutschung des aristotelischen Organon ahmte Ludwig das von Gelli in den *Capricci* angeführte Beispiel des Verino nach, der auch für einen Laien die Metaphysik des Aristoteles ins Toskanische übertragen wollte. Der wichtigste Gedanke des italienischen volkssprachigen Humanismus, den Gelli und nach ihm der Fürst in diesem Werk hervorhoben, war wohl der, dass ein wissenschaftlicher Gegenstand nicht an die Sprache, etwa das Griechische oder Lateinische, gebunden war, sondern in jeder Sprache, also auch im Florentinischen oder Hochdeutschen adäquat ausgedrückt werden konnte.[34] Der Inhalt war also nicht an die Natur der Sprache gebunden, denn diese galt vor allem als ein soziales Phänomen, getreu dem ersten Zweck des *Kurzen Berichts* der Akademie. Der hatte unter dem Eindruck von Stefano Guazzos *La Civil Conversatione* (1584) das Verhaltens- und Sprachideal in aller Kürze so bezeichnet:

> „Erstlichen daß sich ein jedweder in dieser Gesellschafft/ erbar/ nütz- und ergetzlich bezeigen/ und also überall handeln solle/ bey Zusammenkünfften gütig/ frölig/ lustig und erträglich in worten und wercken sein/ auch wie darbey keiner dem andern ein ergetzlich wort für übel auffzunehmen/ also sol man sich aller groben verdrießlichen reden/ und schertzes darbey enthalten." (*DAA II.1*, S. [10])

Solche Conversazione civile hatte sich aus dem Stil höfischen Umgangs entwickelt, war aber schon von Guazzo auf alle Schichten und Lebensbereiche ausgedehnt worden.[35] Aufgabe der Fruchtbringenden Gesellschaft und Grundlage für die Hebung des sprachlichen Ausdrucks war demnach der gesellschaftliche Verkehr unter den Angehörigen der verschiedenen Stände, Parteien, Konfessionen und Regionen, die diese Vereinigung umfasste.

Sicher handelte es sich für die Gesellschaft nicht nur darum, durch Sprachlehre den „schriftsprachlichen Ausgleichsprozeß"[36] in der von Mundarten beeinflussten Umgangssprache zu befördern. Wenn im Gesellschaftsbuch von 1622 vom Mitgliede verlangt wurde, sich „der beste(n) außsprache im reden" zu befleißigen, so war hierbei auch an die Quan-

---

34 *DDA IIA I*, [139] „La lingua vulgare é cosi ben atta a manifestare i concetti suoi come la latina, e l'altre che son tenute belle e buone." Fürst Ludwig kommentierte hierzu S. [398]: „Ob zwar eine Sprach für der anderen mehr zu den Künsten geschickt/ jedoch ist keine für sich selbst vntüchtig/ das man darinnen die Künste nicht solte lehren können." Vgl. hierzu meine Erklärungen auf S. *16 f. u. *26 f. Der Fürst ließ das Werk, ebenso wie die *Circe*, in italienischer und deutscher Sprache in seiner Offizin in Köthen drucken: I CAPRICCI DEL BOTTAIO DI GIOVAN BATTISTA GELLI ACCADEMICO FIRENTINO M. DC. XIX.; JOHANNIS BAPTISTÆ GELLI Vornehmen Florentinischen Academici Anmutige Gespräch *Capricci del Bottaio* genandt. Darinnen von allerhand lustigen vnd nützlichen Sachen gehandelt wird. Auß dem Jtaliänischen ins Teutsche gebracht. Mit angehenckter kurtzer Erklärung etlicher Stück: vnd darauff folgenden Register. Zu Cöthen im Fürstenthumb Anhalt. Jm Jahr M. DC. XIX.

35 K. Conermann: Der Stil des Hofmanns. Zur Genese sprachlicher und literarischer Formen aus der höfisch-politischen Verhaltenskunst. In: Europäische Hofkultur im 16. und 17. Jahrhundert. Hg. v. A. Buck u.a. Bd. 1. Hamburg 1981, 45–56.

36 Vgl. Takada: Grammatik und Sprachwirklichkeit, der in seinem Buch den schriftsprachlichen Ausgleichsprozeß in den zeitgenössischen Grammatiken behandelt.

tität und Betonung der Silben und besonders an die Prosodie des Verses zu denken.[37] Die Prosodie sollte allerdings nicht nur die Poesie regeln, sondern auch einen Beitrag zur Erkenntnis und zum Verständnis der gesprochenen Sprache liefern. Als sich zwischen Fürst Ludwig und Martin Opitz (FG 200. Der Gekrönte. 1629) ein Streit darüber entspann, ob Zusammensetzungen wie Augapfel und Rohrdommel natürliche Daktylen seien oder, wie der Fürst meinte, jeweils die beiden ersten Silben von Natur aus Spondeen ergäben, berief sich Opitz auf das Gehör und auf die Akzeptanz durch viele Fruchtbringer, also auf eine Auctoritas und damit zugleich auf Gewöhnung an den Daktylus, der sich damals prägend für den Barockstil der deutschen Verssprache durchzusetzen begann. Kaum war Schottelius 1642 in die Fruchtbringende Gesellschaft aufgenommen worden, skizzierte er ein Programm für eine grammatische Fundierung des deutschen Verses. Es erhebe sich die Frage, ob sich nicht auch die deutsche Prosodie wie die lateinische und griechische auf grammatische Regeln gründen lasse, denn bisher habe bei den deutschen Dichtern nur „aurium vacillans iudicium", das wechselhafte Urteil des Gehörs, entschieden.[38] Schottelius erklärte unter Zustimmung von Johann Rist (FG 467. Der Rüstige. 1647) alle zum Wortstamm hinzutretenden Buchstaben für kurz (*KE*, 282 bzw. 286), d.h. auch für unbetont. Der Fürst machte viele Einschränkungen und wandte z.B. ein, daß in Konjunktionen wie *(ent)weder* oder in Konjugations- oder Steigerungsformen auf *-end(e)* und *-ester* nach lateinischer Messung auch die ersten Folgesilben als lang zu gelten hätten. Zusammengesetzte Wörter wie „nohtwehr, hülflos" (*KE*, 283) und Ableitungen wie „eßbar, Richter"

---

37 Fürst Ludwig schloß Daktylus und Anapäst in anderen als sangbaren deutschen Versen vor allem deshalb aus, weil sie ihn tänzerisch anmuteten und sein strenges sittliches Empfinden verletzten, jedoch sprach er sich damit auch gegen die Annahme eines natürlichen Daktylus in abgeleiteten und zusammengesetzten deutschen Wörtern aus. Bei der peinlich genauen grammatischen und prosodisch-metrischen Kritik von Opitz' *Psalmen Davids* (1637) kritisierte er Opitz' daktylische Auffassung der Zusammensetzungen „Augapffell" und „Rohrdummel, oder Rohrdrummel", denn in „Apffell" und „Drommell" seien die ersten Silben lang, „und was einmall lang in den wörtern und bey der aussprache ist, kan nicht wieder kurtz werden, es muste dan gezwungen sein, welches unserer sprachen artt und naturlichen ausrede zu wider leufft." (381218). Auch Opitz hatte sich auf das Iudicium aurium, nicht auf eine Regel der Wortbildung und -betonung berufen: „es können die in Latein genannten Dactili, wann sie nicht zue hart lauffen, bißweilen wol standt haben; aber hergegen sich bedüncken läßt, daß die wörter aūgäpffél, rhōrdrümmël, vnd dergleichen, welcher sich etzliche hochansehnliche herren Gesellschafter zue gebrauchen pflegen, so reine vnd helle Dactili sindt, daß sie genawen ohren baldt zue mercken seindt." (381116).

38 Der Fruchtbringenden Gesellschaft ältester Ertzschrein. Briefe, Devisen und anderweitige Schriftstücke ... Hg. nach den Originalien der Herzogl. Bibliothek zu Cöthen v. G. Krause. Leipzig 1855, 281 (5.11.1642), zit. *KE*. Auf dem Höhepunkt der Diskussion über dieses Thema faßt Schottelius seine Meinung darüber zusammen, wie „gewiße Zeit und Klang (oder Wortzeit und Wortklang quantitas & qualitas vocabulorum) Lehrsatzweis/ oder durch gründliche/ kunstmeßige/ allgemeine Lehrsatzsätze oder Regulen der Muttersprache gegeben/ und etwas durchgehendes/ algemeines und untriegliches nach der Verschkunst darin vorgebracht werden möchte." Der Teutschen Sprache Einleitung/ zu richtiger gewisheit und grundmeßigem vermögen der Teutschen Haubtsprache/ samt beygefügten Erklärungen. Ausgefertiget Von JUSTO GEORGIO SCHOTTELIO (Lübeck: Matthäus Dünckler 1643: Johan Meyer), 61. Johann Rist ließ Fürst Ludwig seine lateinischen Anmerkungen vom 16.2.1643 (*KE*, 286–288) zu der lateinisch formulierten Quantitätslehre der deutschen Verssprache zukommen, die der Suchende für den Nährenden am 10.1.1643 verfaßt (*KE*, 282–286) und offenbar Rist zur Begutachtung gesandt hatte.

erklärte Schottelius als langkurze (trochäische) Bildungen, die Nebensilben dreisilbiger Komposita wie in „Seelentrost, Bücherfeind" als kurze „literae accidentales" zwischen zwei langen Wurzelsilben („literae radicales") (*KE*, 283). Der Fürst wies ihn darauf hin, daß gewisse zweisilbige zusammengesetzte Wörter wie „Nohtwehr, hülflos" bzw. „Ehrbar" eigentlich als zwei lange Silben, im Vers also als spondeisch zu gelten hätten. Es sei daher zu fragen: „Ob auch eine Silbe so im grunde […] einmal lang ist, hernach könne kurtz gesetzet oder gebrauchet werden." (*KE*, 289).[39] Kompliziert wurde der Befund dadurch, dass auch Schottelius auf Festlegungen in gewissen Silben von unentschiedener, daher wechselnder Quantität verzichtete.[40] Diese versuchte Rist zwar auch nicht grammatisch zu bestimmen, darüber aber doch durch die Berufung auf das Gehör des Dichters zu entscheiden, das er „optimorum Poetarum authoritas" (*KE*, 287) nannte. Darauf zu vertrauen empfehle sich etwa bei „articuli",[41] Präpositionen Konjunktionen, adjektivierten „dissyllaba" (mit langer erster Silbe wie frechmütig, arglistig) und dreisilbigen nominalen Zusammensetzungen (mit langer zweiter Silbe: Landhauptmann, Steinwildbret) [*KE*, 287 f.]. Fürst Ludwig stimmte im Falle der unentschiedenen Quantität dem von Rist empfohlenen Urteil des Gehörs zu. Besteht darin ein Zusammenhang mit dem in der Fruchtbringenden Gesellschaft, namentlich in Georg Philipp Harsdörffers *Lob-Rede Des Geschmackes* (1651), entwickelten Kategorie des Sprachgeschmacks, die über einen bloßen Vergleich einer Sinneserfahrung mit einem Urteil hinausführt und die spontane, eigenständige sinnliche Empfindung als eine Form geistiger Erkenntnis wertet?[42] Allerdings geht es in Rists Gehör lautlicher Quantitäten nur um die Aussprache und um die Prosodie des Verses und noch nicht um eine Form eines allgemeinen Verstandesurteils, das die Geschmacksästhetik postulierte. Zu einer eigenständigen Kategorie des Verstehens wurden aber damals schon Geschmacksurteile über menschliches, gesellschaftliches Verhalten (Gracián) oder über die Sprache. Deren Geschmack prüft nach Harsdörffer im reformatorischen Sinne sogar „das gütige Wort GOttes", woraus dem Menschen Glauben und Rechtfertigung zufließt. Mit „aurium accuratum judicium" berief sich Rist immerhin auf ein sinnliches Kriterium, das schon in der Antike in einem rhetorisch-poetologischen Verstand redensartlich war[43]

---

39 Ludwig und Rist stimmten gegen Schottelius z. B. darin überein, dass die Silbe *zu* wie in „Zulieben, Zuhören &c." (KE, 282) im Vers nicht immer kurz, sondern gelegentlich auch lang sei. Ludwig korrigierte am 27.3.1643 außerdem: „Zu lieben ist nicht eigentlich der modus infinitivus, Sondern lieben alleine, Zu lieben ist ein Gerundium." (*KE*, 289). Rist brachte kurzes und langes *zu* im Vers als Beispiel: „Der wächter kahm den thurn bald ZŪ bald auff ZŪ schliessen." (*KE*, 287).

40 Am ausführlichsten und mit der nötigen Differenzierung in der Behandlung der „Maasforschung" in Schottelius: Ausführliche Arbeit, 807 ff. u. 839 ff.

41 Der, die und das, sowohl als bestimmter Artikel wie auch als Demonstrativpronomen.

42 Lob-Rede Des Geschmackes: Jn welcher bewiesen und dargethan wird/ Daß der Geschmack der übertreflichste unter allen äusserlichen Sinnen seye. In: Fortpflanzung der Hochlöblichen Fruchtbringenden Geselschaft (Nürnberg 1651: Michael Endter), 27–56, hier S. 39: „Der **Geschmack** aber kan allein ein sichres Urtheil fassen und durch die Zungen aussprechen; daher auch von diesem Glied eine gantze Sprache die Zunge genennet wird." S. K. Conermann: Akademie, Kritik und Geschmack. Zur Spracharbeit der Fruchtbringenden Gesellschaft des 17. Jahrhunderts. In: Unsere Sprache 1 (2008), 17–52.

43 Cic. de or. 3, 150 „aurium quodam iudicio". Hinsichtlich des Versmaßes des Päans, in dem u.a. auf drei kurze Silben eine lange folgen kann (wie in ‚domuerant' oder ‚sonipedes'), gilt es nach Cic. de or. 3, 183 zu entscheiden „non syllabarum numero, sed aurium mensura, quod est acrius

und das er im Unterschied zu Schottelius der grammatischen Regel entgegensetzte, wenn diese vor einem sprachlichen oder prosodischen Problem versagt. Nicht die Grammatik allein vermag die Sprache zu regeln und damit als Hochsprache zu kultivieren, vielmehr bedarf es dazu auch eines auf den Usus und die Consuetudo wirkenden Urteils des eigenen und fremden Gehörs.

Zur richtigen und geschmackvollen Kultivierung der Sprache trägt ein differenziertes Verständnis von Alter und Autorität bei, denn wie Buchner bemerkte: „Darumb muß mann nicht nach den ältesten exempeln regeln machen, Sondern nach denen, die am besten geredet, und solches nun in schwanck gebracht. Bey denen alten Lateinern, so wol Poëten allß Redenern, ist viel zu finden, waß nach der zeit alles uffgehoben, weill mann waß beßers haben können. Vnd eben auß diesem sindt nachmals regeln gemacht, ienes aber alleine nur angemerckt worden, zur wißenschafft, doch nicht zur folge." (400122 I). Wenn Regeln aber nicht allein aus der in der Sprachnatur angelegten Grundrichtigkeit, sondern auch aus dem wechselnden, auch auf Geschmack und Gehör beruhenden Gebrauch abgeleitet werden, kann nach Schottelius, in der Gesellschaft der Suchende genannt, eine solche Philologie keinen Bestand haben. Er nennt daher Gueintz einmal einen „hodiernus Criticus" (400528 I), einen Philologen à la mode. Hier entspann sich in der Fruchtbringenden Gesellschaft auf dem Feld der Spracharbeit eine Art deutscher *Querelle des anciens et modernes*. Auch Georg Philipp Harsdörffer betonte nicht nur, daß die deutsche Sprache nach der hebräischen geartet sei, er pflichtete wie die Mehrzahl der Philologen und Poeten von Philipp von Zesen (FG 521. Der Wohlsetzende. 1648) bis zu Caspar von Stieler (FG 813. Der Spate. 1668) vor allem Schottelius' Ansicht bei, man müsse die Regeln auf die eigenen „Stam- oder wurtzelwörter" gründen (*KE*, 350). Danach bestimmen nicht die sinnlichen oder gesellschaftlichen Maßstäbe Geschmack/ Gehör und vernünftiger Brauch die Richtigkeit, sondern nach den Kriterien der Analogia und Etymologia wird die Ratio und Natura der uralten deutschen Heldensprache bestimmt.

Fürst Ludwig schrieb einmal an Harsdörffer: „Neue Regeln in der deutschen sprache zumachen", stehe nicht in Schottelius' „eigener erfindung und meinung, sondern es mus entweder vom alten herkommen, oder durch die erfahrung und gewonheit beyfal haben, dan eines oder zweyer Menschen einbildung es nicht thun können. Man mus der aussprache oder den mundarten drinnen nachgehen, wie andere sprachen für uns gethan."[44] Harsdörffer, in der Gesellschaft der Spielende geheißen, hatte das Problem „kunstgründiger Verfaßung unserer Sprache" darin erblickt, „woher? wie? und mit was absehen die lehrsätze,

---

iudicium et certius". Gell. 13, 21 führt M. Valerius Probus an: „<Si aut versum> inquit <pangis aut orationem solutam struis atque ea verba tibi dicenda sunt, non finitiones illas praerancidas neque fetutinas grammaticas spectaveris, sed aurem tuam interroga, quo quid loco conveniat dicere; quod illa suaserit, id profecto erit rectissimum>". Probus berichte auch, Vergil habe sein Ohr befragt: „Quo suam aurem Vergilius percontatus est, qui diversis in locis 'urbis' et 'urbes' dixit arbitrio consilioque usus auris." Hinsichtlich einer Rede Neros auf den toten Claudius, die Seneca verfaßt hatte, erkannte Tacitus darin Senecas Geist, welchen er seiner Zeit gemäß fand. Tac. ann. 13, 3 drückt diesen Umstand nicht metaphorisch durch eine Bezeichnung des Geschmacks, sondern des Gehörs (der Gesellschaft seiner Zeit) aus: „[...] fuit illi viro ingenium amoenum et temporis eius auribus accommodatum".

44 *KE*, 352, ohne Datum. Damit beantwortete der Fürst Harsdörffers Schreiben vom 31.1.1646 (*KE*, 349–352).

oder regeln, sollen gestellet werden. Wan wir zu einem grund setzen die ausrede, so können wir der sachen nimmermehr eines werden; maßen eine iede mundart etwas besonders füret. D. Lutherus S. schriften können gleichfals für keinen grund der rechtschreibung stehen, denn er dem gebrauch derselben Zeiten nachgehen müßen, und es bey seiner urschrift (dem Original) nicht geblieben, sondern durch die Drucksetzer (*Mecaenates ignorantiae*) nach und nach geendert worden. Zu dem ist D. Luther der Teutschen Sprache Cicero , aber nicht *Varro* gewesen." Die Quelle der Sprachkunst seien die „Stam- oder wurtzelwörter" nebst den „Vor- und nachsilben, benebens den bey- und fug-wörtlein, durch richtige anführung dieser haupbtstücke, werden die lehrsätze gemachet, [...]." Dem Fürsten als Verteidiger des Usus mußte es dagegen daran gelegen sein, die Autoritäten hochzuhalten: „Lutherus hat reiner in der Bibel geschrieben und geredet, als kein Francke, Schwabe, Oesterreicher, Reinländer, und NiederSachse auch mancher Meissner nie gethan noch thun wird: das der Spielende die drucksetzer für *Mecaenates ignorantiae* erkennet, darüber erfreuet man sich, wie gleichwol damals nicht sein wolte, wie man in Nürnberg keinen finden konte, der Vater [statt Vatter, K. C.] hette setzen oder drucken lassen sollen. Und wird sehr gezweyffelt, ob Herr Lutherus des Suchenden Sprachkunst in allem sonderlich in den Stam und verkürtzten oder abgebißenen wörtern und die ohne not verlengert werden, würde gut geheissen haben, so wol die seltzame Sillabirung des Spielenden, [...] die wieder den Accent, den thon, und die aussprache gehet [...]."

Der letzte Hinweis zielt auf mundartliche Verkürzungen wie Harsdörffers „der Starckziehend Magnet"[45], wozu Ludwig anmerkt, Harsdörffer habe „wohl gesehn das der StarckZiehender Magnet nicht klappen würde, und der starcke ziehende hatt er nicht setzen wollen, elidirt derowegen des e, sed pessime!" Vor allem jedoch kritisierte er Harsdörffers, Schottelius' und bald auch Rists überreiche Pluralendungen wie „Deckere, Mördere" (Harsdörffer; *KE*, 334), dazu starke Kasusendungen von Adjektiven nach bestimmten Artikel, Pronomen u. a. Schottelius' Herr, Herzog August d. J. von Braunschweig-Wolfenbüttel (FG 227. Der Befreiende. 1634), gebrauchte in seinen Bibelharmonien, revidierten Bibelübersetzungen, Briefen und anderen Texten Formen wie „der letzter", „der heiliger Johannes", „Einem Christeyferigem, bedächtigem vorsatze", „vnserer so reich von Worten teutscher Muttersprachen".[46] Solche Polyflexion, die Markierung von Genus, Kasus und Numerus durch die starken Endungen aller Nomina einer Substantivgruppe, tritt im Einflußbereich bestimmter Dialekte auch in der Schriftsprache des 17. Jahrhunderts häufig auf, besonders im Ripuarischen und Oberdeutschen. Sie kommt auch im Ostmitteldeutschen, besonders im Schlesischen, vor, ist aber auf dem Boden des Niederdeutschen selten und aus dem Hochdeutschen übernommen.[47] Schottelius stellt in seiner *Sprachkunst* von 1641 beide Flexive

---

45 FrauenzimmerGesprächspiele [1644–1649]. Hg. v. Irmgard Böttcher. 8 Tle. Tübingen 1968–1969, IV, 225; *KE*, 335, Anm. (Ludwigs Brief vom 24.1.1645).
46 Herzog August d. J. 380320 I (*DDA IA* IV, 484 f.). Vgl. Schottelius 371110 K 11 (a. a. O., 279) „dieses schönes uhraltes Teutsches Wörtlein".
47 Vgl. Jelena Trojanskaja, die dem Dialekt noch allgemein übermäßigen Einfluß zutraut: Einige Besonderheiten in der Deklination der deutschen Adjektive im 16. u. 17. Jh. In: Studien zur Geschichte der deutschen Sprache. Berlin 1972, 43–78. Vgl. Christ. Sarauw: Niederdeutsche Forschungen I–II. København 1921–24, II, 81–85; vgl. Agathe Lasch: Mittelniederdeutsche Grammatik. 2., unveränd. Aufl. Tübingen, 1974, 264f. Zu Rists Umfeld vgl. Margareta Horn: Der holsteinische Niederelberaum: eine dialektgeographische Untersuchung. 2 Tle. Marburg 1984; Gertrud Ahlmann: Zur

nebeneinander „Der guter (und gute) die gute das gute (gutes)".⁴⁸ Er läßt im Nominativ/ Akkusativ Plural attributive Adjektive nach bestimmtem Artikel gemäß den Auszählungen Jelena Trojanskajas nur in 20% der Belege auf dem starken -e gegenüber dem schwachen -en enden, also z.B. die fromme/ die frommen Christen. Rist gebraucht in 80% der Fälle die starke Endung.⁴⁹ Wenn solche Formen in der Schriftsprache ostmitteldeutscher und niederdeutscher Gebiete auftreten, ist dieses (seit dem späten 17. Jahrhundert zurückgedrängte) Phänomen⁵⁰ als Ausdruck eines Versuchs zu werten, die syntaktische Einheit der Substantivgruppe durch die vereinheitlichende Funktion der Polyflexion zu verdeutlichen. Das gilt besonders in erweiterten Gruppen, z.B. wenn Rist im Nominativ Plural nach dem artikellosen Pronominaladjektiv *andere* schreibt: „andere treffliche/ so wol zu Friedens als Kriegeszeiten berühmte Helde".⁵¹ Solche Ausdrücke der literarisch-grammatikalischen ‚Langue' machten sich im Unterschied zu der stärker gegenüber der ‚Parole' ihrer Mundart aufgeschlossenen Texten erklärlicherweise unter Norddeutschen wie dem Philologen Schottelius und dem besonders extremen Literaten Rist bemerkbar, deren niederdeutsche Dialektbasis sich unter hochdeutschem Einfluß zersetzt hatte. Nur die Rücksicht auf den Wohlklang schien, besonders in den Augen von Schottelius, Zurückhaltung zu empfehlen. Stieler bemerkte aber schon 1691 in seinem *Teutschen Sprachschatz*: „Die Niedersachsen/ Märker/ und teils Schlesier behalten in den Beyständigen [Adjektiven; K. C.] die männliche Endung **er**/ samt dem unbenamten **es**/ wenn gleich **der** und **das** vorstehet […], so ihnen aber die Meißner/ Türinger und Franken samt andern nicht nachtuhn […]."⁵²

Geschichte des Frühneuhochdeutschen in Schleswig-Holstein im Spiegel von Gelegenheitsdichtungen des 17. und 18. Jahrhunderts. Uppsala 1991, 104 f. Beispiele für das Eindringen der Polyflexion im Dithmarsischen um 1600 liefert Wilhelm Simonsen: Niederdeutsch und hochdeutsch in den Chroniken des Johann Adolph Neocorus und des Daniel Lübbeke. Phil. Diss. Kiel 1911.

48 JUSTI-GEORGII SCHOTTELII Einbeccensis Teutsche Sprachkunst Darinn die Allerwortreichste/ Prächtigste/ reinlichste/ vollkommene/ Uhralte Hauptsprache der Teutschen auß jhren Gründen erhoben/ dero Eigenschafften und Kunststücke völliglich entdeckt/ und also in eine richtige Form der Kunst zum ersten mahle gebracht worden (Braunschweig 1641: Balthasar Gruber), 229.

49 Das kann im Unterschied zu den nahezu einhundertprozentigen oberdeutschen und den über achtzig Prozent betragenden Ergebnissen bei Spee und Grimmelshausen nicht mundartlichem Einfluß zugeschrieben werden, ebenso wenig wie die geringere Häufigkeit bei Schottelius, die jedoch immerhin höher liegt als bei den Schlesiern (Czepko, Hoffmannswaldau, Lohenstein, A. Gryphius, Opitz; 13%–5%), dem Anhaltiner Zesen (17%) oder dem Sachsen Fleming (1,3%).

50 Takada: Grammatik und Sprachwirklichkeit, 181–187, 190 Anm. 363 u. bes. 184: Schottelius kritisiert wegen der erforderlichen Analogie die für ihn eigentlich weibliche Endung –e in der männlichen Beugung, verzichtet jedoch des Wohlklangs halber fallweise auf polyflexive Formen wie „der guter Mann". Stieler: Sprachschatz III, 56. traf schon unter Autoren des ostmitteldeutschen Bereichs wie Fürst Ludwig, Christian Gueintz, Philipp von Zesen, Andreas Tscherning und am Ende des Jahrhunderts bei Caspar Stieler Ablehnung oder doch Zurückhaltung in der Polyflexion an. Vgl. auch Anja Voeste: Varianz und Vertikalisierung. Zur Normierung der Adjektivdeklination in der ersten Hälfte des 18. Jahrhunderts. Amsterdam 1999.

51 Das Friedewünschende Teutschland Jn einem Schauspiele öffentlich vorgestellet und beschrieben Durch JOHAN RISTEN, Einen Mitgenossen der Hochlöblichen Fruchtbringenden Gesellschafft. Gedruckt im Jahr/ 1648, 11.

52 Stieler: Sprachschatz III, 56.

In Schottelius' Augen galt es jedoch noch, darauf und auf andere (tatsächlich mundartlich niederdeutsche) Aussprachegewohnheiten[53] Rücksicht zu nehmen.

Nicht nur aus der Umgangs- oder Verkehrssprache oder aus den Dialekten drohte dem großen sprachlichen Ausgleichsprojekt der Fruchtbringenden Gesellschaft Beeinträchtigung, sondern auch aus der gelehrten Rechthaberei über die 'grundrichtige' alte Form."[54] Wie sehr sich im Ausgleichsprozeß aber der schon schriftsprachlich ererbte, nicht eigentlich mundartliche Usus des damals sogenannten Meißnischen, also die Ausrichtung an regionalen mitteldeutschen Traditionen durchgesetzt hatte, möge ein Brief des Fruchtbringers Opitz zeigen. An seinen aus der Rheinpfalz stammenden, 1628 aber in Straßburg lebenden Freund Balthasar Venator schrieb er: „[…] so wie ich die schlesische Mundart nicht gebrauche, so kannst Du auch nicht Eure elsässische benutzen. Es ist so wie das Attische bei den Griechen, ein Sprachstil, den Du meinethalben den lutheranischen nennen kannst: Du irrst notwendigerweise, wenn Du ihm nicht folgst. Auch auf die Kanzleien, wie sie heißen, berufe ich mich als Schulmeisterinnen unserer Schriftsprache – nämlich dann wenn auch die französischen, italienischen und lateinischen Possen ausgelassen werden sollen."[55] Es braucht hier wohl nicht der Nachweis geführt zu werden, dass die Leistung von Opitz nicht auf die Durchsetzung des akzentuierenden Verses in der neuen deutschen Kunstdichtung einzuengen ist, ebenso wie der Fremdwortpurismus nicht die herausragende Leistung der Fruchtbringenden Gesellschaft oder der kleineren Sprachorden darstellt. Es ging um

---

53 So erlaubt Schottelius (mittelhochdeutsch und noch niederdeutsch) auf sw, sl, sm und sn grundrichtig anlautende Wortformen (vgl. mnd. slagen oder smecken, aber auch mhd. slahen u. smecken) „einem Niedersachsen oder Niederländer" (hier wohl im Gegensatz zu „Oberländer" etwa im Sinne von ‚Norddeutscher') ebenfalls noch im Hochdeutschen seiner Zeit: „Zwischen dem **s**/ und dem Buchstaben **w**/ **l**/ **m**/ **n**/ künte das **ch** wol ausgelassen werden […]. Dieses wird deshalber erinnert/ daß/ weñ es nachfolgig wird beobachtet/ man eben wider den Grund der Rechtschreibung nicht sündige: Es kan auch wol seyn/ daß in diesen Wörtern/ so von schw/ schl/ schm/ schn/ sich anfangen/ einem Oberländer der Tohn und Ausspruch anderst vorkomme und laute/ als einem Niedersachsen oder Niederländer/ und was der eine für unnötig hält/ der ander als nötig und zierlich achte. Jn diesem Buch ist der angenommener Hochteutscher Gebrauch zuförderst in obacht/ der Schreibung nach/ behalten […]." Schottelius: Ausführliche Arbeit, 196 f.

54 Nach dem Abschluß des hier gemeinten sog. schriftsprachlichen Ausgleichsprozesses bis zur Mitte des 18. Jahrhunderts formuliert Gottsched in diesem Punkt die Regel, daß „das bestimmte Geschlechtswort in der vielfachen Zahl, bey dem darauf folgenden Beyworte ein **n** erfodert; nicht aber mit einem **e** zufrieden ist, wie das unbestimmte. Man spricht z. E. **gelehrte** Leute sind einem Lande unentbehrlich; aber nicht: die **gelehrte**, oder die **gelehrteste** Leute sind der Meynung; sondern die **gelehrten**, oder die **gelehrtesten** Leute sind &c." Und er setzt in einer Anmerkung hinzu: „Und das sowohl wenn zwey drey Beywörter zugleich stehen, als wenn eins allein ist: es wäre denn, daß man des Wohlklanges wegen, das r der zweyten Endung in der mehrern Zahl, nicht vielmal wiederholen wollte. Z. E. Vieler großen, berühmten Leute meynung ist &c. anstatt vieler großer berühmter &c." Vollständigere und Neuerläuterte Deutsche Sprachkunst, … bey dieser fünften Auflage merklich verbessert, von Johann Christoph Gottscheden (Leipzig 1762), 252. Auch die Endungen in den obliquen Fällen im Maskulinum und Neutrum, „bey den Fürwörtern, **dieselben, diejenigen**", in den artikellosen oder von unbestimmten Artikel begleiteten Beiwörtern und in anderen Konstellationen regelt er (S. 250–256).

55 Martin Opitz Briefwechsel und Lebenszeugnisse. Kritische Edition mit Übersetzung. An der Herzog August Bibliothek zu Wolfenbüttel hg. v. Klaus Conermann u. Mitarb. v. Harald Bollbuck. 3 Bde. Berlin usw. 2009, 611 (280424 *ep*, aus dem Lateinischen übersetzt).

die grammatische, lexikalische und aussprachemäßige Regulierung und um die ‚Reinheit' einer gemeinsamen geschmackvollen Hochsprache, so dass die deutsche Muttersprache im Wettbewerb mit dem Volgare der anderen stilbildenden europäischen Sprachen des Renaissance-Zeitalters bestehen konnte.

Ulla Fix

Sprache in der Sprache – Sprachutopisches bei Thomas Mann

Gotthard Lerchner hat vor allem in seiner Hallenser Zeit – zum Teil in Zusammenarbeit mit Hans Georg Werner – theoretisch wie empirisch in beeindruckender Weise gezeigt, wie man die ästhetische Potenz und das spezielle Sinnangebot eines literarischen Textes erschließen und beschreiben kann. Das lässt sich in vielen Aufsätzen mit großem theoretischem Gewinn nachlesen, und man kann es an subtilen Analysen – u. a. zu Lessing, Storm, Brecht, Bobrowski – nachvollziehen. Meinen Respekt vor diesem Teil seiner Lebensleistung will ich damit bekunden, dass ich mich heute seinem Thema „Sprache und Literatur" zuwende.

Es geht mir um das Phänomen, dass wir in nicht wenigen epischen Texten auf literarische Kunstsprachen treffen, also Sprachen, die vom Autor eigens für einen bestimmten literarischen Zweck, eine bestimmte Romanwelt geschaffen wurden. Die Zwecke und Welten sind verschieden – das Prinzip ist dasselbe. Aus dem Material einer natürlichen Sprache – oder auch mehrerer – wird ein neues Sprachsystem entwickelt. Das kann entweder den gesamten Text prägen: Der Text selbst *ist* die neue Sprache. Oder die neue Sprache kann einzelnen Personen in den Mund gelegt werden. Darüber hinaus kann es sich auch um einen gesonderten Teil, einen Paratext im Sinne Genettes handeln. Die Spannbreite der Texte, auf die ich mich beziehen will, reicht von weithin bekannten Werken bis zu eher regional bekannten Texten. Ich greife einige heraus: „Finnegans Wake" von James Joyce, Orwells „1984", auch das weniger bekannte Spätwerk „Der Erwählte" von Thomas Mann. Außerdem habe ich den Roman „Tagungsbericht" von Erhard Agricola (1976) im Blick und jüngere Veröffentlichungen, wie z. B. das 1995 erschienene Buch „fom winde ferfeelt" des in München lebenden brasilianischen Schriftstellers Zé do rock.

„Finnegans Wake" ist einer der Fälle, wo der Romantext selbst die neue Sprache darstellt. Das Buch ist gekennzeichnet durch eine Fülle okkasioneller, sehr ungewöhnlicher Wortbildungen, die sich durch den gesamten Text ziehen. Joyce schafft sich eine eigene Sprache, indem er englische Wörter neu zusammenfügt, umbaut und sie mit Wörtern aus vielen anderen Sprachen mischt. Das Ergebnis verweigert Eindeutigkeit und veranlasst den Leser zu Inferenzziehungen und zu durchaus mühevoller Sinnfindung: Nehmen wir als Beispiel aus der deutschen Übersetzung das Adjektiv *prachtvier Schwestern* und das Substantiv *Shandonglockengehäuse*. Ein extremer Fall ist das Wort ‚Zehndonner' = ‚Ten thunders', das aus Wörtern für Donner in zehn verschiedenen Sprachen gebildet ist: *‚bababadalgharaghtakamminarronnkonnbronntonnerronntuonnthuuntrovarrhounawnskawntoohoohoordenenthurnuk'.*

Agricola entwirft in seinem Roman „Tagungsbericht", der von Sprachwissenschaft – und dazu vergnüglich dargestellter – und von Sprachwissenschaftlern – auch vergnüglich dargestellten – voll ist, eine Sprache nach polynesicher Sprachstruktur. Sie wird von dem ältlichen, in Samoa aufgewachsenen Fräulein Agathe Trevirus gesprochen. Es handelt sich um Gebilde wie den folgenden Ausdruck: Es war *ein kolossales Hand-in-Hand-Gehen von einem Sich-kräftig-übergessen-Haben und einem Nicht-genau-wissen-was-verträglich-Ist.*

Damit bezeichnet Fräulein Trevirus die Tatsache, dass sie zuviel und Unverträgliches gegessen hat. Ein anderes Beispiel nach demselben Muster: *Dem so langen Krug-zu-Brunnen-Gehen bricht jetzt der Henkel.* Ein neu in den Bekanntenkreis von Fräulein Trevirus Geratener erkundigt sich beim Oberstudiendirektor des städtischen Gymnasiums, was das *Krug-zu-Brunnen-Gehen* denn für ein grammatisches Gebilde sei: ein Wort, ein Langwort, ein Wortsatz? Doch jedenfalls nichts Normales, nicht wahr? Der Fachmann antwortet, dass solche Gebilde im Deutschen jedenfalls nicht das Übliche seien und eher an Indianer- und Eskimosprachen erinnerten. Man könnte sie Satzkomposita nennen. Es zeigt sich, dass er mit der Annahme über die Herkunft gar nicht so unrecht hat: Fräulein Trevirus hat in ihrer Kindheit solche Satzkomposita von den samoanischen Dienstboten gehört, die die Struktur des Polynesischen in die deutsche Sprache übernommen hatten, und sie hat sie zu einem festen Teil ihres Sprachschatzes – man müsste besser sagen: ihres Wortbildungsschatzes – gemacht:

> Punkt acht Uhr, als die restliche Familie übernächtig und wortkarg beim Frühstück sitzt, quält sich ein Taxi den Lindenberg herauf. Mit einem fröhlichen Hupfer entsteigt ihm Tante Trevirus, läutet Heinrich herunter, weil sie kein Geld bei sich hat, setzt sich an den gedeckten Tisch, kümmert sich nicht um die besorgten und verstörten Blicke der übrigen und verlangt Spiegeleier auf Speck. „So einen schwarzen Gummischlauch sollte ich schlucken", kommentiert sie schließlich ihre Rückkehr empört, „wo meine Milz sowieso nicht in Ordnung ist. Ich denke ja nicht dran! Das können sie mit Kassenpatienten machen. Da bin ich energisch wieder aufgebrochen..." Irgendein Gehilfe von Jungburschenarzt habe sie untersucht, nicht einmal der Chefarzt Taubert-Bartzsch persönlich. Was sich dieser Mensch wohl denke. Sie würde ihm nie wieder ihre Stimme für den Stadtratssitz geben. „Es war ein kolossales Hand-in-Hand-Gehen von einem Sich-kräftig-übergessen-Haben und einem Nicht-genau-wissen-was-verträglich-Ist. Ich hätte bloß eine Luftblase, sagt doch der junge Schnösel zu mir, und keine Milzschwellung. Luftblasen haben nur die Fische, das weiß ich genau. Ich will aber gleich mal im Brehm nachsehen..."
> „Der helle Wahnsinn! Im Kopf hat sie jetzt eine", murmelte Heinrich Oldenbeck, weiter keinen Ton, erhob sich vom unabgegessenen Teller und fuhr ohne Abschied und Anhaltspunkte mit unbekanntem Ziel davon, das sich später als Rübeland, Tropfsteinhöhle, Einlaßdienst herausstellte.
> Als er die Tür hinter sich zugeschlagen hatte, schlang Agathe das letzte fingerdicke Stück Bratspeck hinunter, sprang auf und rief theatralisch: „Das war entschieden zu viel! Dem so langen Krug-zu-Brunnen-Gehen bricht jetzt der Henkel. Statt daß der Mensch glücklich ist, weil ich ihm das Testament, zerriß es einmal längs und warf es in den Ofen. Die Enterbung!" Sie ging mit Schritten, die dem Ernst des Augenblicks optisch und akustisch angemessen waren, zu ihrem Wertsachen-Vertiko, entnahm wieder aus dem Spital rausgesundet bin... Da gibt's nur noch eins: die Nichte tupfte sich unter schwachem Protest ein paar Tränen ab, die Großnichte rollte tränenlos die Augen. Tante setzte sich nieder, um die Neufassung ihres *Letzten Willens* zu verewigen, gelangte aber nicht weiter als

Auszug aus Agricola 1976, 282

Der brasilianische, in München lebende Schriftsteller Zé do rock schreibt auf seiner Internetseite: www.zedorock.net (15.10.2010) „das buch [„fom winde ferfeelt"] zieht die deutsche sprache durch den kakao und schlägt ein vereinfachtes deutsch vor, das ultradoitsh genannt wird.". Der Aufbau des Buches ist davon bestimmt, dass es zunächst eine relativ standardnahe Orthographie aufweist, die von 1995 an dadurch verändert wird, dass pro Jahr zwei neue Schreibregeln eingeführt und zwei alte außer Kraft gesetzt werden:

Jede Änderung sollte durch eine Volksabstimmung bestätigt werden. Die alte Schreibweise wäre parallel gültig, bis der letzte, der sie benutzt hat, ausgestorben ist. Als erste Änderung im Jahr 1995 schlägt der Autor die „Abschaffung des Großschreibzwangs" vor, als zweite: „umgangssprachliche formen werden amtssprache. sie vertreiben nich das schriftdeutsch, aber sie ham das gleiche recht. Ist, Nicht, Nichts, Jetzt, Man, Bisschen werden Is, Nich, Nix, Nu/jetz, Ma, Bissi". So geht es weiter bis zur 36. Änderung 2012: „eu wird oi gesriben. aussa wenn ma s wi eu ausspricht". Das Ergebnis dieser orthographischen Reformen bezeichnet der Autor als „Ultradoitsh".

Nach dieser kurzen Charakterisierung so unterschiedlicher Texte wie der von Joyce, Agricola und Zé do rock bleiben Orwells „1984" und Manns „Der Erwählte" zu beschreiben.

Beide haben etwas grundsätzlich Gemeinsames: Jeder der beiden Autoren entwickelt eine Utopie. Dabei ist beiden die Sprache behilflich; denn die Utopie besteht in der Entwicklung einer neuen Sprache. Beide schreiben ihre Texte etwa zur gleichen Zeit, während des zweiten Weltkrieges und danach. „1984" erscheint im Jahre 1949, „Der Erwählte" 1951. Die Bücher sind also unter denselben politischen Umständen entstanden. Die Unterschiede zwischen beiden: Orwell versetzt den Leser in die Zukunft, Thomas Mann schickt ihn in eine sehr ferne Vergangenheit. Orwell entwickelt eine destruktive Utopie, Mann eine konstruktive.

Orwell entwirft mit seiner neuen Sprache eine reduzierte, jede Konnotation vermeidende Amtssprache: „Newspeak", „Neusprech", die das System des von ihm imaginierten totalitären Staates erst möglich macht. Zwei Beispiele: Gab es in „Altsprech" für jedes Adjektiv noch mindestens ein entsprechendes Antonym mit anderem Wortstamm wie *gut – schlecht, schlimm, furchtbar*, so wird in Neusprech jeder Gegensatz allein durch Präfigierung mit *un-* gebildet: *gut – ungut*. Abkürzungen sollen die ursprüngliche Bedeutung der Wörter vergessen lassen: *Ministerium für Wahrheit* wird zu *Miniwahr*. Die Wörter sollen nach Orwell zu einem Staccatogeräusch für einen fest umrissenen Begriff werden. Die Möglichkeit der Sprache, die Dinge mithilfe von Konnotationen, Wertungen, Assoziationen differenzierter zu sehen als es Machthabern lieb sein kann, soll eliminiert werden. Das wird in einem dem Buch angehängten Paratext, der „Kleinen Grammatik", beschrieben.

Thomas Mann dagegen liegt es ferne, die Sprache zu reduzieren. Er entwickelt im Gegenteil eine reiche, ja ausufernde Sprache, indem er auf alles Brauchbare in der Vielfalt europäischer Sprachen sowohl aus deren Vergangenheit als auch Gegenwart zurückgreift. So schafft er gleichsam eine Kombination von babylonischem Sprachgemisch und Pfingsterlebnis: Es gibt keine Verstehensschwierigkeiten. Alle können alles verstehen – mit Ausnahme einer Passage, auf die ich noch zu sprechen kommen werde.

Auf diese mit Sprachgemisch verbundene Utopie will ich nun eingehen. Ich gebe zunächst eine Kurzfassung des Romaninhalts. Wenn man sie hört, wundert es erst einmal nicht, dass das Buch auf so viel Unverständnis gestoßen ist. Es handelt sich um eine abstruse, ja monströse Geschichte. „Fast möchte man sich die Ohren zuhalten", könnte der Erzähler Clemens gesagt haben. Ihre Vorlage, die von Thomas Mann ziemlich genau, nun aber in heiterer parodistischer Form aufgenommen wurde, ist die mittelalterliche Gregorius-Legende, wie sie in den „Gesta Romanorum" und im „Gregorius" von Hartmann von Aue überliefert ist.

Gregorius ist das Kind eines herzoglichen Geschwisterpaares, Sibylla und Wiligis. Die beiden leben nach dem Tod der Eltern in einem inzestuösen Verhältnis zusammen. Als

Sibylla schwanger wird, ist guter Rat teuer. Die Geschwister ziehen den Erzieher des Wiligis, Herrn Eisengrein, ins Vertrauen. Er schickt den Bruder zur Buße ins heilige Land. Aber Wiligis stirbt, noch bevor er in See stechen kann. Eisengreins Frau betreut Sibylla bei ihrer im Geheimen stattfindenden Schwangerschaft und Entbindung. Das Knäblein, das Sibylla auf die Welt bringt, wird in einem kleinen Fass auf den Ärmelkanal gesetzt, versehen mit kostbaren Stoffen, Gold und einer Tafel, auf der die schlimme Geschichte des Kindes geschrieben steht. Das Fässlein landet auf einer der Kanalinseln. Gregorius – so wird der Knabe von dem Abt genannt, der ihn entdeckt und getauft hat und für seine Bildung sorgt – wird in einer Fischerfamilie aufgezogen, lernt und lebt später aber im Kloster. Sein Anderssein – er ist feiner, klüger, begabter als die Fischerkinder – führt zum Streit. In der Erregung sagt ihm die Fischersfrau, seine Pflegemutter, dass er ein Findelkind sei. Der Abt eröffnet ihm nun die Umstände seiner sündhaften, aber hohen Herkunft. Gregorius, der schon lange den Drang zum Rittertum in sich fühlte, zieht nun in die Welt, um seine Eltern zu suchen und anderen als Helfer ritterlichen Beistand zu leisten und so die Sünde seiner Eltern zu büßen. Er kommt nach Brügge und steht der Herzogin bei, deren Land von einem enttäuschten, weil abgelehnten Freier seit mehreren Jahren bekriegt und belagert wird. Er tötet den feindlichen Eindringling im Zweikampf und befreit so das Land. Gregorius und die Herzogin ehelichen, obwohl sie jeder für sich insgeheim wohl wissen, dass sie Mutter und Sohn sind. Es findet also ein zweiter Inzest statt. Als dieses Verhältnis offenbar wird, tun beide Buße. Die Herzogin baut auf Geheiß ihres Sohnes und Gatten ein Asyl und pflegt in ihm alte und kranke Menschen. Gregorius geht als Bettler auf Bußfahrt. Er gelangt auf eine einsame Insel, auf der er siebzehn Jahre lang lebt, verkümmert zu einem Wesen von der Größe eines Igels, sich von Erdmilch ernährend. Dann aber stirbt der Papst in Rom und zwei Römern erscheint im Traum die Aufforderung, den Büßer von der Insel zu holen und ihn zum Papst zu machen. Beim Einzug des neuen Papstes Gregorius in Rom gibt es ein Zeichen der Versöhnung Gottes mit Gregorius – es läuten alle Glocken der Stadt, obwohl niemand sie läutet. Gregorius wird ein kluger und gerechter Papst. Schließlich verzeiht er seiner Mutter und Ehefrau, die eine Büßerreise nach Rom unternommen hat, auch ihre Sünden. Er tut dies mit den Worten: „Frau, hat euch nie jemand gesagt, der Gott studiert hatte, dass Er wahre Reue als Buße annimmt für alle Sünden, und daß ein Mensch, sei seine Seele auch noch so krank, – wenn sein Auge nur eine Stunde naß wird von Herzensreue, so ist er gerettet?"[1]

Die merkwürdige, monströs erscheinende Geschichte ist so monströs nicht. Sie verfolgt ein altes Motiv: das der Ödipus-Geschichte, und ein ebenso altes Thema: das von Schuld und Sühne. Nun aber werden Schuld und Sühne unter zwei Aspekten betrachtet, die neu sind: Es geht einmal um die Schuld des Hochbegabten, des Künstlers durch den Hochmut seiner Erwähltheit. Nur mit Ebenbürtigen kann er sich umgeben – dafür steht als Exempel der Inzest. Und zum anderen geht es, so unerwartet das klingt und so sehr es der Erläuterung bedarf, um die Schuld der Deutschen im zwanzigsten Jahrhundert. Für beide Sünden, die persönliche – natürlich meint Thomas Mann mit dem Künstlerproblem auch sich selbst – und die gesellschaftliche Sünde, ist Vergebung möglich. Die politische Schuld und das Bemühen um Vergebung, um das „Humane", taucht sowohl in den politischen Aufrufen und Essays der Kriegs- und Nachkriegsjahre wie auch im künstlerischen Werk jener Zeit

---

1 Der Erwählte 1975, 668.

auf. Manns Grundidee war: Wenn die Deutschen bereit sind, ihr eigenes Leben als eine Schuld zu empfinden, die dringend der Gutmachung bedarf, dann könne ihnen vergeben werden.[2] Er fragt schon 1939: „Ist es nicht bemerkenswert und symptomatisch, dass heute ein Künstler, gewohnt, sich in seiner Heimatsphäre, der Kunst, um das Rechte, Gute und Wahre zu mühen, sich verbunden fühlt, dies auch im Politischen-Sozialen zu tun [...], weil er glauben würde, der Totalität des Humanen etwas schuldig zu bleiben, wenn er sich dessen weigerte?"[3] Dass sich dieses Bemühen um das Humane im „Erwählten" in sehr eigenwilliger Form vollzieht, mag wundern. Bei genauerer Betrachtung leuchtet es ein: Anlass und Sinn des zunächst unsinnig erscheinenden Romans sind eben auch Schuld, Sühne und Vergebung. Es wird die Gewissheit ausgedrückt, dass es eine Humanisierung geben kann und geben muss, die die Kräfte der Menschheit versittlicht und in den Dienst am Humanen stellt. Ganz im Sinne der zitierten Frage des Papstes an Sibylla.

Die Entwicklung eines sozialen Humanismus vollzieht sich für Mann – und nun kommen wir zum „Erwählten" zurück – auch durch die sprachliche Annäherung der Menschen, die eine universale Verständigung und Einigung vorbereitet. Die gemeinsame, aus Vermischung geschaffene Sprache sieht der Dichter bereits im Sprachgemisch der Emigration entstehen. Es ist also kein Zufall, dass der Roman gerade in der Welt der Emigration entsteht. Schon 1936 sagt Mann: „Ist je die Welt durch etwas anderes geändert worden als durch den Gedanken und seinen magischen Träger, das Wort?"[4] Und später, 1941, in einem Brief an Karl Kerényi, heißt es deutlicher: „Das Exil ist etwas ganz anderes geworden, als es früher war; es ist kein Warte-Zustand mehr, auf Heimkehr abgestellt, sondern spielt schon auf eine Ablösung der Nationen an und auf die Vereinheitlichung der Welt."[5]

Diese Überzeugung ist in der Sprachgestalt des „Erwählten" gleichsam ikonisiert. Das beginnt bei der Figur des Clemens, der von sich sagt, dass ihm beim Schreiben die Sprachen ineinander fließen: Lateinisch, Französisch, Deutsch, Englisch, und eins werden, nämlich Sprache. Das Buch ist tatsächlich eine ineinander geronnene Sprache, eine Mischung aus hochdeutschen mit mittelhochdeutschen, mittellateinischen, altfranzösischen und anglisierenden Elementen und einem selbst erfundenen deutschen und englischen Platt. Wir stoßen auf die Nibelungenstrophe, auf Textstücke Hartmanns, Luthers, Goethes, Uhlands, Nietzsches und Wagners, wir finden deutsche Umgangssprache und amerikanisches Englisch.[6] Thomas Mann thematisiert das: „Es ist ja ein humoristisch-selbsterfundenes, übernationales Mittelalter, und das konnte ich mir gar nicht anders als sprachbunt vorstellen. Ist es nicht merkwürdig, wie natürlich sich das Platt der Fischer auf der halb-englischen Kanalinsel mit dem Englischen vermischt, wie z.B. in ‚Dat's nu'n little bit tou vul verlangt.'"[7]

Da Handlung und Fabel von Hartmann übernommen werden und nichts inhaltlich Neues gefunden werden muss, kann Mann seine volle Aufmerksamkeit dem sprachlichen „Genaumachen" zuwenden. Er verschafft sich Sprachkenntnisse vielfacher Art durch Lek-

---

2   Vgl. Thomas Mann, Das Problem der Freiheit 1976.
3   Thomas Mann, Das Problem der Freiheit 1977, 243 f.
4   Thomas Mann, Freud und die Zukunft, 1978, 181
5   Brief vom 18.2.1941 an Karl Kerenyi. In: Thomas Mann – Karl Kerenyi. Gespräch in Briefen. 1967.
6   „Meines Liedes Riesenteppich" nennt Thomas Mann, Heine zitierend, wiederholt sein Werk. Offenbar liegt dieses Bild nahe. Aus Grundmustern, aus entlehnten Fakten und Realien und aus übernommenen sprachlichen Elementen und Textstücken entsteht das künstlerische Werk.
7   Brief an Julius Bab 30.5.1951. In: Thomas Mann. Briefe 1948–1955

türe und Nachfragen: So gehören z. B. zu den ersten Notizen für den „Erwählten" Wortlisten und Sätze aus Hartmanns „Gregorius", die in das Werk eingearbeitet werden. Beraten wird er von Marga Bauer, Romanistin und Germanistin,[8] die eine neuhochdeutsche Prosaübersetzung hergestellt hat. Über Namen und über Altfranzösisches verständigt sich Mann mit dem Berner Romanisten und Germanisten Samuel Singer. Diese Verständigung mündet in eine besondere Form des Sprachgemischs. Er lässt die „schlimmen Kinder" im Moment des „Sündenfalls", des Inzests, Atfranzösisches stammeln, ganz gegen seine Idee der Verständigung durch Sprache und auf die Gefahr hin, dass niemand das verstehen wird. Die aus dem „Adam-und-Eva-Dialog" entnommenen Wendungen soll der Leser gar nicht verstehen, er soll ihre Bedeutung – wenn überhaupt – ahnen.

> „Aus dem Tode", stammelte er, „sind wir geboren und sind seine Kinder. In ihm, du süße Braut, ergib dich dem Todesbruder und gewähre, was Minne als Minnenziel begehrt!"
> Dann murmelten sie, was man nicht mehr verstand und gar nicht verstehen soll:
> „Nen frais pas. J'en duit."
> „Fai le! Manjue, ne sez que est. Pernum co bien que nus est prest!"
> „Est il tant bon?" „Tu le saveras. Nel poez saver sin gusteras."[9]

Thomas Mann sagt zu dieser Stelle in seinem Brief an Bab vom 30.5.1951: „Kaum glaube ich, dass diese alten Worte für den Leser ein ernstes Hindernis bilden. Ihre Bedeutung ergibt sich doch eigentlich immer aus dem Zusammenhang – sogar bei den altfranzösischen Brocken – die man ja übrigens in einem gewissen Fall ausdrücklich ‚gar nicht verstehen soll'".

Ganz anders beschaffen ist das Kapitel „Die Fischer von Sankt Dunstan". Hier soll und kann trotz Sprachgemisch alles verstanden werden. Man versteht die Fischer wohl, auch wenn sie eine von Mann erfundene Mischung aus verschiedenen Varianten von Platt sprechen und darüber hinaus französische Wendungen einbeziehen. Man versteht den Abt mit seinen Rufen *Ho-he, Hoi-ho* und *Hallo, hoihe, ihr Wackeren, Wiglaf und Ethelwulf.* Er spricht, als stamme er aus Richard Wagners Rheingold *(Hoho! Hoho! Hohei! Schmiede, mein Hammer, ein hartes Schwert!),* wenn er sich nicht auf seine Rolle als geistlicher Würdenträger besinnt und dieses Stilregister zieht. Und zugleich redet er auch ganz pragmatisch: *Dorthin muss ich zurückgehen, das Herz voller Dank, um sie abzufangen.*

> Sie kommen, sie kommen, sie schießen nur so, das Segel voll Wind schräg von hinten! Stark wäre ich versucht, ihnen Ho-he, Hoi-ho zuzurufen durch die hohlen Hände, wenn das nicht ein ungeistlich Benehmen wäre. Bei der Landzunge drüben kommen sie herein, wie ich sehe, und wollen ihre Einfahrt halten, wo die See schmal und seicht einschneidet zwischen Felsbank und Küste.
> Also kam das Boot herein, unter dem Winken des Abtes, ließ das Segel fallen, und die Männer stakten es vollends heran, stiegen auch aus zum Schluss in das Wasser und zogen mit Armeskraft den Kahn auf den Sand, indes der Abt sie frohen Wortes begrüßte:
> „Hallo, hoihe, ihr Wackeren, Wiglaf und Ethelwulf, willkommen am Lande, im sicheren Port! Dass ihr nur wieder zurück seid aus diesem Wetter, dafür sei Gott gepriesen! Wir täten am besten, alle drei auf der Stelle niederzuknien und Ihm Lob zu singen. Ihr seht wohl,

---

8 Assistentin von Samuel Singer.
9 Der Erwählte 1975, 446

euer Abbot hat sich bitter um euch gesorgt, dass er zum Strande gewallt ist durch Sturm und Regen. Wie geht es euch? Habt ihr denn Fische?" „Heho, hallo, Herr, is noch mal gutgegangen", erwiderten sie. „Fische? Nee, dat's nu'n littel bit tau veel verlangt. Wi könn von Lucke seggen, dat uns de Fisch nich hebben, denn dat was Euch 'ne Freise, Herr, un weren Euch coups de vent, da macht Ihr Euch, Herr, gar keen Einbildung von. Da musst immer een Mann die Seen drawen aus dem Boot un de annere mit all sin Macht den Timon holden, un sonst was an keen Ding ein Denken an." ‚Wie sie reden', dachte der Abt. ‚Höchst ordinär.' Denn er meinte, dass er sich über ihre Sprechweise ärgerte, da er doch nur enttäuscht war, dass sie keine Fische brachten. […] „Was habt ihr denn da und welche Erhöhung ist das?" fragte er und wies mit dem Stab darauf. „Puhr Pipels Stoff" murmelten jene. „Da kehrt ein Herr gar nicht vor." „Wat schell da in sin!" antworteten sie mit abgewandten Gesichtern. „Puhr Pipels Durft". Da is fresch Water in, Teer is da in, is Dram in zum Tippeln." Und widersprachen sich lächerlich.
„Ihr lügt ja", sprach tadelnd der Abt. „Richtig reden, das muss man nicht. Aber die Wahrheit sagen, das muss man." Und er trat näher herzu, betastete das Fässlein und beugte sich darüber zu besserem Augenschein. Da fuhr er zurück und schlug die Hände zusammen. Durchs Spundloch war aus dem Innern ein Greinen zu ihm gedrungen. „Du Herre Gott!" rief er. „Still! Keine Regung, keinen Laut, damit ich lausche!" Und beugte sich nochmals darüber. Es greinte wieder. „Ihr seligen Geister und Boten des Glanzes" sprach der Abt schon gar nicht mehr laut, denn es verschlug ihm die Stimme, und er bekreuzte sich mehrfach. „Männer ihr, einer Mutter Söhne, Wiglaf und Ethelwulf, woher habt ihr dies Fass? Denn, ob ihr's wisst oder nicht, ich schwöre euch, es ist ein Menschenkind darin verborgen."[10]

Neben diesem Sprachgemisch, das doch von allen verstanden wird, findet man in anderen Kapiteln andere Varianten: Mischungen aus Französisch, Latein, Mittelhochdeutsch, aus der Sprache des Weidmanns, des Kriegers und des Hofes, aus der Umgangssprache und der Sprache der Bibel, um nur einiges zu nennen. Das Sprachgemisch ist überall – so wie es Clemens beschrieben hat. Und mit Clemens Worten will ich schließen:

Denn da schreibe ich und schicke mich an, eine zugleich entsetzliche und hocherbauliche Geschichte zu erzählen. Aber es ist ganz ungewiss, in welcher Sprache ich schreibe, ob lateinisch, französisch, deutsch oder angelsächsisch, und es ist auch das gleiche, denn schreibe ich [auf thiudisc] wie die Helvetien bewohnenden Alemannen reden, so steht morgen Britisch auf dem Papier, und es ist ein britunsches [sic!] Buch, das ich geschrieben habe. Keineswegs behaupte ich, dass ich die Sprachen alle beherrsche, aber sie rinnen mir ineinander in meinem Schreiben und werden eins, nämlich Sprache. Denn so verhält es sich, dass der Geist der Erzählung ein bis zur Abstraktheit ungebundener Geist ist, dessen Mittel die Sprache an sich und als solche, die Sprache selbst ist, welche sich als absolut setzt und nicht viel nach Idiomen und sprachlichen Landesgöttern fragt. Das wäre ja auch polytheistisch und heidnisch. Gott ist Geist und über den Sprachen ist die Sprache.[11]

---

10 Der Erwählte 1975, 483–485, gekürzt.
11 Der Erwählte, 1975, 423

Quellen

Agricola, Erhard: Tagungsbericht oder Kommissar Dabberkows beschwerliche Ermittlungen im Fall Dr. Heinrich Oldenbeck. Rudolstadt. 1976
Joyce, James: Finnegans Wake. Dublin. 1939
Thomas Mann: Briefe 1948–1955 und Nachlese. Berlin und Weimar. 1968
Mann, Thomas: Der Erwählte. In: Thomas Mann. Romane und Erzählungen. Band 8. Berlin und Weimar. 1975
Thomas Mann: Das Problem der Freiheit. In; Thomas Mann. Essays. Band 2. Politik. Frankfurt am Main. 1977, 228–244
Mann, Thomas; Kerenyi, Karl: Gespräch in Briefen. München. 1967
Mann, Thomas: „Freud und die Zukunft. In: Thomas Mann. Essays. Band 3. Frankfurt am Main 1978, 173–192
Orwell, George: 1984. Frankfurt am Main. 1984
Zé do Rock, Vom Winde verfeelt. München 1995
www.zedorock.net (15.10.2010)

Literatur

Fix, Ulla: Nachwort zu „Der Erwählte". In: Thomas Mann. Romane und Erzählungen. Band 8. Berlin und Weimar 1975, 736–773
Genette, Gérard, Paratexte. Das Buch vom Beiwerk des Buches. Frankfurt. New York. Paris.1989

Rosemarie Lühr

Informationsstrukturierung und Betrachtzeit

Zusammenfassung

Temporalsätze mit der Konjunktion *ehe* entwickeln sich von Komparativsätzen im Althochdeutschen zu einer Art faktischer Temporalsätze. Dadurch, dass pragmatische Inferenzen zur Temporalität hinzugefügt werden, kommt es zur Entwicklung einer eigenen Informationsstrukturierung im Nebensatz. Dieser Wandel manifestiert sich zum einen an der Umbildung der Einleitewörter von ahd. *êr thanne* ‚früher als' über ahd. *êr* zu mhd. *ê daz*, nhd. *ehe*. Zum anderen zeigt die Einführung einer „temporalen" Negation im Neuhochdeutschen den Übergang von Temporalität zu mehr Faktizität im Nebensatz. Dagegen deuten Temporaladverbien in *ehe*-Sätzen im Älteren Neuhochdeutsch noch auf einen temporalen Charakter.

1. Problemstellung

Bei komplexen Sätzen stellt sich aus informationsstruktureller Sicht folgende Frage: Ist neben einer primären Informationsstrukturierung im Matrixsatz zusätzlich eine sekundäre Informationsstrukturierung für den Nebensatz vorhanden? Während die primäre Gliederung den gesamten Satz in Topik vs. Kommentar und Fokus vs. Hintergrund teilt, ruft die sekundäre Gliederung eine weitere Gliederung des Nebensatzes in Topik vs. Kommentar und Fokus vs. Hintergrund hervor.[1] Im Neuhochdeutschen z. B. haben nach Reis (1997: 137) nur weiterführende Relativsätze und bestimmte nachgestellte Adverbialsätze eine Illokution und damit eine eigene Fokus-Hintergrund- und Topik-Kommentargliederung.[2] Wie Reis & Wöllstein (2010: 155 f.) aber zeigen, weisen auch vorangestellte Adverbialsätze auf illokutionäre Unabhängigkeit des Adverbialsatzes. Kriterium ist die Prosodie:

(1) Da die HEIzungsröhren geplatzt sind, hat es FROST gegeben.

(2) Wenn du MEIne Meinung hören willst, STEIgen die Aktienkurse bald.
Damit könnten auch vorangestellte Adverbialsätze eine sekundäre Informationsstrukturierung haben.[3] Speziell bei den Temporalsätzen[4] stellt sich jedoch folgendes Problem: Tem-

---

1 Zybatow 2007.
2 Zunächst geht es Reis aber um die Integriertheit vs. Unintegriertheit von abhängigen (unselbständigen) Sätzen. Bei den Nachsätzen handle es sich um solche, die keine lange Extraktion, keine VP-Topikalisierung, kein Korrelat aufweisen und die mit dem Matrixsatz prosodisch unverbunden sind. Solche Sätze seien auch informationsstrukturell vom Matrixsatz isoliert und hätten nicht nur eine eigenständige Illokution, sondern auch eine Informationsstrukturierung an sich.
3 Demgegenüber würde restriktiven Relativsätzen eine solche doppelte Gliederung fehlen.
4 Temporalsätze modifizieren im Strukturbaum der Generativen Syntax unmittelbar den Verbalkomplex – Temporalität ist das entscheidende Merkmal der IP (Brandt u. a. 2006: 79).

poralsätze sind nach Maienborn (2000: 286; 2001: 196) eine „temporale Lesart" aufweisende „rahmensetzende Modifikatoren".[5] Es herrscht eine *delimitation* vor (Krifka & Féry 2008), d.h. es wird angezeigt, dass der folgende Sprechakt sich nur auf einen Teil eines Sachverhalts bezieht:

(3)(a) Als Britta in Bolivien war, war sie blond.

Sie sind mit *wann* erfragbar.

(3)(b) Wann war Britta blond?

Die Variante:

(3)(c) In Bolivien war Britta blond.
(3)(d) Damals war Britta blond.

macht deutlich, dass der temporale Modifikator hier Bestandteil der primären Informationsstrukturierung ist. Der Temporalsatz ist vorfeldfähig, er kann ein Korrelat besitzen und ist durch ein Satzglied im Matrixsatz zu ersetzen.

Es soll nun gezeigt werden, dass es Temporalsätze gibt, die nicht als „Rahmen" fungieren[6], sondern eine andere informationsstrukturelle Funktion haben.[7] Es geht um Temporalsätze mit der Konjunktion *ehe/bevor*.[8] Sie können hinter und vor dem Matrixsatz erscheinen:

---

[5] Zur Wahrheit des Satzes bei Rahmensetzung vgl. Chafe 1976. Maienborns Umschreibung der Leistung solcher rahmensetzender Modifikatoren mit temporaler Deutung entspricht dabei etwa dem Begriff „Topikzeit" bei Klein:
[…] the contribution of a temporally interpreted frame-setting modifier consists of singling out a particular time for which the speaker wants to make a claim (Maienborn 2001: 197).

[6] In diesem Fall verhalten sich die Temporalsätze wie weiterführende Relativsätze.

[7] Auch andere Temporalsätze eignen sich nicht für eine solche Rahmensetzung. Z.B. die generischen Temporalsätze:
(a) (Jedesmal) wenn ich auf meinem Zimmer war, fühlte ich mich wohl.
Während ein *als*-Satz die Singularität eines rahmensetzenden Ereignisses gewährleistet, an das ein zweites unmittelbar angeschlossen wird, ist dies, wie Eggs (2005: 265 ff.) feststellt, bei der generischen Lesart nicht möglich:
(b) Als ich auf meinem Zimmer war, fühlte ich mich wohl.
(c) Im Zimmer fühlte ich mich wohl.
Bei den generischen Temporalsätzen hat der jeweilige Sachverhalt einen größeren Umfang als bei den Temporalsätzen mit der Konjunktion *als*. Es findet also keine Einschränkung auf einen bestimmten Sachverhalt statt. Generische Temporalsätze können so eine sekundäre Informationsstrukturierung aufweisen.

[8] Auf den ersten Blick wirken Temporalsätze mit dieser Konjunktion, gerade wenn sie wie in (4)(b) voranstehen, durchaus wie Rahmensetzer. Denn die Definition von Frame scheint nach Chafe (1976) erfüllt: Durch *bevor/ehe* wird ein Sachverhalt temporal situiert: Zuerst werden Touristen angelockt, dann dachte man an Badeurlaub.

(4)(a) Griechische Tempel, wie dieser in Agrigent, haben deutsche Touristen nach Sizilien gelockt (E)(= situiertes Relat), längst bevor/ehe man an Badeurlaub dachte (= R) (= Bezugsrelat).[9]
(4)(b) Bevor/ehe man an Badeurlaub dachte, haben griechische Tempel … deutsche Touristen nach Sizilien gelockt.

bevor kann bei Bezugsrelaten verwendet werden, die vom Sprechzeitpunkt aus in der Vergangenheit, also außerhalb des Blickfelds des Beobachters, liegen.[10] Die Zeit der zu lokalisierenden Relation muss dabei innerhalb eines Vorzustandes vor der Referenzsituation gegeben sein.[11] Dabei deuten *bevor/ehe*-Sätze auf „prosodische Unintegriertheit" (Reis & Wöllstein 2010: 156):

(4)(c) Bevor/ehe man an BAdeurlaub dachte, haben griechische Tempel … deutsche Touristen nach SiZIlien gelockt.

Im Neuhochdeutschen sind die Konjunktionen *bevor* und *ehe* miteinander austauschbar. Aber nur *ehe* hat eine lange Geschichte und ist bereits im Althochdeutschen bezeugt. Unter einer sprachhistorischen Fragestellung stehen so Temporalsätze mit der Konjunktion *ehe*, kurz: *ehe*-Sätze, im Zentrum der Untersuchung. Das Textkorpus bildet unser Schiller-Wörterbuch, weil es sämtliche Belege eines Autors liefert. Der Sprachstand bei Schiller wird mit dem des Neuhochdeutschen verglichen und dann, weil Schiller in der Syntax auch Altertümlichkeiten, die ans Mittelhochdeutsche anklingen, bewahrt hat, mit dem des Mittelhochdeutschen. Abschließend wird auf das Althochdeutsche eingegangen und der beobachtete Sprachwandel in *ehe*-Sätzen skizziert. Leitfrage ist jeweils, welche Art der Informationsstrukturierung im *ehe*-Satz vorliegt. Da aber die Tempusrelation Nachzeitigkeit für einen Hörer nicht leicht zu durchschauen ist, wird zunächst auf eine Besonderheit der neuhochdeutschen *ehe*-Sätze eingegangen.

2. Die Semantik von *ehe*-Sätzen

Nach der klassischen Tempus-Theorie von Reichenbach, in der zwischen Sprechzeit S, Ereigniszeit E, und Referenzzeit R unterschieden wird, erhält man für die Tempora in (4):

---

9 Zifonun, Hoffmann & Strecker 1997: 1149; Wöllstein 2008: 128.
10 Blühdorn 2004: 199.
11 Nach Herwig (1991) machen die einem Ereignis unmittelbar vorausgehenden und nachfolgenden Zeitabschnitte seine Proximalumgebung (PROX) aus. Dabei wird die proximale Zeit vor dem Ereignis *Vorphase* (PREP), die nach dem Ereignis *Nachphase* (PERF) genannt. Vor- und Nachphase stehen in einem konzeptuellen Zusammenhang zum Ereignis. Die temporale Bedeutung von *vorher* und *ehe* kann dabei in Anlehnung an Herweg, wie folgt, charakterisiert werden: Für *vorher* gilt, dass der Referent des Kontextsatzes (die Kontextsituation) in der Nachphase des NP-Referenten (der Bezugsentität) verortet wird (vgl. aber Musan 2002: 214).

(5) Perfekt: E < R, E   -----E-----R, S-------------
Präteritum: E = R < S   -----E, R-----S-------------[12]

Für Referenzzeit wird aber im Folgenden der Terminus Betrachtzeit verwendet. Denn diese Zeit ist subjektiv und sprecherorientiert.[13]

Für die Semantik der *ehe*-Sätze ist nun entscheidend, dass im Gegenwartsdeutsch in solchen Sätzen eine sogenannte „expletive" oder „redundante" Negation vorkommen kann:

(6) Das kriegst du nicht, bevor/ehe du (nicht) sagst, was du damit machen willst.[14]

Krifka (2009) bezeichnet diese Negation aber als „temporale Negation". Sie sei assertiv, d.h. sie wird tatsächlich interpretiert und sei nicht expletiv oder redundant[15]: Zunächst ist ein Satz [A vor B] nur in Kontexten informativ, in denen es ziemlich wahrscheinlich ist, dass B einige Zeit nach der Zeit von A wahr ist. Nach Krifka (2009) wirkt hier die Maxime der Relevanz.[16]

Was nun die Negation betrifft, so sei ein *ehe*-Satz wie in:

(7) Peter wollte Potsdam nicht verlassen, ehe das Projekt (nicht) im ruhigen Fahrwasser war.

zu allen Zeiten negiert, an oder bevor denen die Zeit des Matrixsatzes evaluiert wird.[17]

Dies zeigt auch folgendes Beispiel:

(8) Mozart starb, bevor er sein Requiem vollendete.

Zur Zeit von Mozarts Tod (sie liegt vor der Sprechzeit) gibt es keine frühere Zeit, zu welcher

---

12 Nach Ehrich (1992: 133) bindet das Perfekt die Referenzzeit R grundsätzlich an die aktuelle Sprechzeit. Das Perfekt sei so ein situatives Tempus. Demgegenüber sei das Präteritum ein anaphorisches Tempus, weil es die Referenzzeit immer aus dem sprachlichen Kontext gewinnt. Die Referenzzeit für das Präteritum in (4) ist das Perfekt des Matrixsatzes.
13 Rothstein 2007: 21.
14 IDS: Systematische Grammatik (http://hypermedia.ids-mannheim.de/pls/public/sysgram.ansicht?v_id= 2545/).
15 Solche Negationen erscheinen auch im Romanischen, Slawischen, Alt-, Mittelenglischen in nachzeitigen Temporalsätzen.
16 Diese Maxime besagt: Wenn der Sprecher [A vor B] sagt, erzeugt er die Implikatur, dass die *a priori*-Wahrscheinlichkeit (ein Wahrscheinlichkeitswert, der aufgrund von Vorwissen gewonnen wird) gilt: $\exists t(B(t)]$ ist größer als Ø.
17 Der Satz [A vor B] konstatiert, dass B nicht der Fall vor einer Zeit t war, zu welcher A wahr ist. Er konkurriert mit der stärkeren Behauptung „nicht B", also dass B nie der Fall war. Nun wirkt der Mechanismus der skalaren Implikatur: Der Hörer kann annehmen, dass die stärkere Behauptung „nicht B" nicht der Maxime der Qualität entspricht, weil der Sprecher sonst nach der Maxime der Quantität die stärkere Behauptung gemacht hätte.

Mozart sein Requiem vollendete. Unser Hintergrundwissen sagt uns, dass man nicht sein Requiem nach seinem Tod vollenden kann.[18]

Für die folgende Fragestellung entscheidend ist nun, dass Krifka die beiden Sachverhalte in *ehe*-Satz und Matrixsatz in der logischen Formel durch Konjunktion verbindet. Sie werden also sozusagen als gleichwertig angesehen. Damit könnten *bevor*- ebenso wie *ehe*-Sätze mit einer sekundären Informationsstrukturierung versehen sein. Für diese Auffassung spricht, dass *ehe*- und *bevor*-Sätze im Neuhochdeutschen oftmals über ihre temporale Reihenfolge hinaus Präsuppositionen und pragmatische Inferenzen auslösen, z. B. Verursachung, Befähigung/Bedingung, Beendigung, Explizierung, Einschub, also auch Metasprachliches.[19] Für Kausalität vgl.

(9) Bevor er das Auto in den Graben lenkte, hatte er ausgiebig mit seinen Freunden gezecht.

Für Befähigung vgl.

(10) Sie musste die Tür aufschließen, bevor sie sie öffnen konnte.

Für Beendigung vgl.

(11) Bevor ich heiratete, benutzte ich nur spezielle Kreditkarten.

Auch eine Diskursverankerung entweder des „Bezugsrelats" oder des situierten „Relats" kann stattfinden:

(12) Bevor wir nach Hause gehen, essen wir noch ein Eis.

Wenn das situierte Relat auf der Bewertungsskala zwischen Bezugsrelat und Sprecher eingefügt wird, sprechen Tenbrink & Schilder (2003) von „Insertion".[20] Nach Blühdorn (2004: 2005) kommt hier eine „geringere Beobachterferne des situierten Sachverhalts" (hier das Eisessen) zum Ausdruck, also ebenfalls eine pragmatische Inferenz. Eine Variante zu der „Insertion" ist die kontrafaktische Lesart:

(13) Mary verließ die Party, bevor sie irgendjemanden erschlug.

---

18 Es besteht eine allgemeine Tendenz, *ehe*-Sätze faktual zu interpretieren:
(a) Herr Meier lernte Frau Schmidt kennen, bevor er Herrn Schmidt kennen lernte.
(b) Frage: Wann lernte Herr Meier Frau Schmidt kennen?
(c) Tatsächlich hat er Herrn Schmidt nie kennengelernt, denn die Schmidts haben sich kurz darauf getrennt.
Aufhebbare Inferenzen sind konversationale Implikaturen (Grice).
19 Dabei muss das situierte Relat jeweils in Bewegungsrichtung des Bezugsrelats liegen, also früher auf dem „Zeitstrahl" liegen, und es gilt eine *moving-events*-Orientierung (Blühdorn 2004: 198 ff.; 205; Tenbrink & Schilder 2003: 353 ff.).
20 Das im Temporalsatz genannte Ereignis ist aufgrund des Diskurskontextes erwartbar und das im Matrixsatz enthaltene für den Hörer neu.

3. *ehe*-Sätze bei Schiller

Von den *ehe*-Sätzen bei Schiller werden solche ausgewählt, die ein Temporaladverb enthalten. Denn solche Adverbien legen „die Ereignis- oder [Betrachtzeit] einer Situation auf bestimmte ... Bereiche der Zeitachse fest".[21] Entscheidend für das Folgende sind die deiktischen Adverbien, die das Tempus relativ zur Ereigniszeit kennzeichnen. Sie gliedern sich in situative, d.h. auf die Sprechzeit bezogene, und nicht-situative Ausdrücke.[22]

Geht man zunächst auf die Abfolge [A vor B] ein, so folgt diese dem Chronologieprinzip: Ikonisch stehen die im Diskurs genannten Situationen in einer Reihenfolgebeziehung zueinander. In komplexen Sätzen, in denen das frühere Ereignis vor dem späteren genannt ist, also in der Abfolge Matrixsatz – Temporalsatz – finden sich bei Schiller nun zahlreiche Adverbien, die die durch den Sprecher gewählte zeitliche Perspektive verdeutlichen, z.B. das Adverb *nachher*[23]:

(14) {An Körner, 23.–25.7.1787, NA 24/109}
Ich fühlte, daß er sich bei mir gefiel und wußte daß ich ihm nicht misfallen hatte, ehe ichs nachher erfuhr.

Die Relation ist zunächst temporal. Der *ehe*-Satz könnte aber in einen weiterführenden Relativsatz umgewandelt werden: *was ich nachher erfuhr*. Dadurch erhält er eine metasprachliche Komponente, und zur Temporalität kommt eine illokutive Inferenz hinzu. In diesem Fall kann eine sekundäre Informationsstrukturierung angenommen werden.

Auch das Adverb *noch* erscheint im Temporalsatz. Die Semantik dieser Phasenpartikel zeigen Zybatow & Malink (2003) an (15):

(15) Das Kind schläft noch.

Es wird eine Assertion, dass das Kind zur Sprechzeit schläft, ausgedrückt und eine Präsupposition, dass dieser Zustand Teil einer Phasenstruktur ist, in welcher genau ein Wechsel von positiver zu negativer Phase stattfindet. D.h., das Kind wacht demnächst auf und schläft nicht mehr. Der Betrachtzeitpunkt liegt also relativ kurz vor einem anderen als zukünftig gedachten Zeitpunkt.

In Verbindung mit der Konjunktion *ehe* ergibt sich jedoch für *ehe noch* die Inferenz ‚noch nicht':

(16) {Künstler, [46–49], NA 1/202}

---

21 Ehrich 1992: 108.

22 Demgegenüber bezeichnen die nicht-deiktischen Adverbien eine absolute Position, die aufgrund historischen Wissens als vor-, nach- oder gleichzeitig mit einer gegebenen Bezugszeit eingeordnet wird.

23 *nachher* macht entweder den Betrachtzeitpunkt Nachzeitigkeit im Temporalsatz gegenüber dem Matrixgeschehen explizit oder der Matrixsatz ist der Betrachtzeitlieferant für die Ereigniszeit im *ehe*-Satz. Das Adverb hat so die Merkmale [+posterior] [+deiktisch][+situativ] (Ehrich 1992: 109).

Ihr holdes Bild hieß uns die Tugend lieben,
ein zarter Sinn hat vor dem Laster sich gesträubt,
<u>eh</u> noch ein Solon das Gesetz geschrieben,
das matte Blüthen langsam treibt.[24]

Eine Paraphrase für den komplexen Satz insgesamt könnte ein doppeltes Perfekt enthalten:

(16)(a) Zu der Zeit, als sich ihr Sinn vor dem Laster sträubte, hat Solon das Gesetz noch nicht geschrieben gehabt.

Das Konzept, das hier zusätzlich zu der Temporalität vermittelt wird, ist „No change" (Tenbrink & Schilder 2003). Es bringt zum Ausdruck, dass ein Zustand gegeben ist, bevor ein anderes Ereignis diesen verursacht haben könnte. Diese pragmatische Inferenz deutet auf eine sekundäre Informationsstrukturierung im *ehe*-Satz. Ähnlich auch (17). Hier stehen *ehe* und *noch* getrennt:

(17) {Arch.u.d.Sch., [5–6], NA 1/270}
Göttlich nennst du die Kunst? Sie ist's, versetzte der Weise,
Aber das war sie mein Sohn, <u>eh</u> sie dem Staat noch gedient.

Vgl. die Paraphrase:

(17)(a) Das war die Kunst bereits zu der Zeit, als sie noch nicht dem Staat gedient.

Anders verhält es sich bei (18): Nicht nur der *ehe*-Satz, sondern auch der Antezedenzsatz enthält ein Temporaladverb, *bald*. Der *ehe*-Satz erscheint in Mittelstellung:

(18) {Peg.i.d.Dienstb., [50–52], NA 1/231}
Die Probe wird gemacht. Bald ist das schöne Thier,
<u>Eh</u> noch drei Tage hingeschwunden,
Zum Schatten abgezehrt.

bald lokalisiert eine Situation, welche in der Zukunft des angesprochenen Ereignisses liegt.[25] Die temporale Situierung wird durch den *ehe*-Satz bereit gestellt, und zwar in Form einer Explikation oder Apposition zu *bald*. Dabei wird das Konzept „Termination" inferiert. Also ist auf eine sekundäre Informationsstrukturierung zu schließen.

Als Paraphrase ergibt sich:

---

24 Das bedeutet: Solon hat das Gesetz noch nicht geschrieben, als bereits Laster vermieden wurden. Die Phrasenstruktur, auf die sich das Adverb *noch* bezieht, ist: Präsupposition einer positiven Phrase [ihr Sinn hat sich vor dem Laster (schon) gesträubt], Assertionszeit, negative Phrase [das Gesetz ist noch nicht geschrieben]. Vgl. Zybatow & Malink 2003.
25 *bald* hat die Merkmale [+posterior][+deiktisch][+situativ]. Vgl. Ehrich 1992: 113.

(18)(a) Bald ist das schöne Thier, als [nämlich] noch nicht drei Tage hingeschwunden, zum Schatten abgezehrt.

Ein ähnlicher Fall, diesmal mit einem Temporaladverb mit dem Merkmal [+anterior], *vorher*, findet sich in:

(19) {Phil.d.Physiol. § 9, NA 20/24}
Man mus annehmen, daß alle Gegenstände entsprechende Fibern schon vorher im Denkorgan haben, <u>ehe</u> sie sinnlich empfunden werden.

vorher wird wie *bald* in (18) durch den *ehe*-Satz näher bestimmt. Es erscheint auch hier eine Art Explikation oder Apposition. Der *ehe*-Satz hat aber finalen Sinn und inferiert das Konzept „Befähigung":

(19)(a) Man mus annehmen, daß alle Gegenstände entsprechende Fibern schon vorher im Denkorgan haben, damit sie sinnlich empfunden werden können.

Vgl. dazu in einem Entwurf bei Schiller:

(20) {Demetr., Skizz., NA 11/144}
Grischka muß schon interessieren, <u>ehe</u> er mit dem Palatinus in Streit geräth.

Mit der finalen Lesart:

(20)(a) Grischka muß schon (vorher) interessieren, damit er mit dem Palatinus in Streit geraten kann.

In (21) steht *ehe* sogar im Sinne von ‚damit nicht':

(21) {30j.Kr., 2.B., NA 18/143}
Mit Blitzes-Schnelligkeit erschien er vor Stettin, sich dieses wichtigen Platzes zu versichern, <u>ehe</u> die Kaiserlichen ihm zuvor kämen.[26]

ehe-Sätzen mit finalem Sinn kommt demnach wieder eine sekundäre Informationsstrukturierung zu.

Kehrt man zu den temporalen Ausdrücken zurück, so sind weitere Beispiele mit pragmatischen Inferenzen die Belege (22) bis (24)[27]:

(22) {Rhein.Thal., Ank., NA 22/94}
Wenn von allen den unzähligen Klagschriften gegen die Räuber eine einzige mich trifft, so ist es diese, daß ich zwei Jahre vorher mich anmaßte, Menschen zu schildern, <u>ehe</u> mir noch einer begegnete.

---

26 Vgl. Blühdorn 2004: 206.
27 Die Konjunktion kann auch mit einer temporalen DP verbunden sein.

(23) {Schr.Seeger, NA 22/26}
Am 11ten Junii, zwei Tage vorher, ehe die Krankheit unsers Hypochondristen zuerst bekannt wurde, kam er zu mir und wollte, daß ich ihm einen Schlaftrunk verschaffen sollte.

In (22) und (23) ist der Temporalsatz durch den Sprecher im Diskurs verankert. Er signalisiert „eine geringere Beobachterferne des situierten Sachverhalts" (vgl. oben). Es geht also nicht nur um die Nachzeitigkeit dieses Sachverhalts. Damit dürfte wieder eine sekundäre Informationsstrukturierung vorhanden sein.

Ähnlich auch (24):

(24) {An C.v.Beulwitz/Ch.v.Lengefeld, 10.11.1789, NA 25/322}
Aber bei diesem Mannheim fällt mir ein, daß ihr mir doch manche Thorheit zu verzeyhen habt, die ich zwar vor der Zeit, eh wir uns kannten, begieng, aber doch begieng!

Auch das Temporaladverb *früher* kommt in Verbindung mit einem *ehe*-Satz vor:

(25) {Demetr., Szen., NA 11/190}
Die natürlichen Zeichen werden früher bemerkt, ehe das entscheidende Wort ausgesprochen wird.

Für *ehe* kann man die Komparativpartikel *als* einsetzen. D.h., eine notwendige Vergleichsgröße folgt:

(25)(a) Die natürlichen Zeichen werden früher bemerkt, als das entscheidende Wort ausgesprochen wird.

Damit aber dürfte der *ehe*-Satz der Fokusdomäne des Matrixsatzes zuzurechnen sein.

Die nach- und zwischengestellten *ehe*-Sätze bei Schiller haben also in der Regel eine sekundäre Informationsstrukturierung, da pragmatische Inferenzen zur temporalen Bezugnahme hinzutreten. Findet sich aber im *ehe*-Satz ein Vergleich hinter einem temporalen Komparativ, ist der *ehe*-Satz der Fokusdomäne der übergeordneten Struktur zuzuweisen.

Bei vorangestellten *ehe*-Sätzen nun ist das Chronologieprinzip durchbrochen. Das spätere Ereignis wird vor dem früheren genannt:

(26) {Macbeth, I/2, NA 13/77}
Noch ehe sie den Schweiß der ersten Schlacht
Von ihrer Stirn gewischt, versuchten sie
Das Glück in einem neuen Kampf, und hart
Zusammentreffend ließ ich beide Heere!

Schiller lässt einen Ritter von Schlachten, in denen Macbeth siegreich war, berichten. Dass die Engländer sich so schnell wieder fangen, war nicht zu erwarten. *ehe* spiegelt also keine reine Nachzeitigkeit im Bezug zum Matrixsatz wider, sondern wirkt als eine Art Präsuppositions-Auslöser[28]: „gegen die Erwartung". *ehe*-Satz und Matrixsatz haben zwar das gleiche Topik, dennoch enthält der *ehe*-Satz aller Wahrscheinlichkeit nach eine sekundäre Informationsstrukturierung.

Die bisher besprochenen Befunde unterscheiden sich kaum von denen der Gegenwartssprache, allenfalls darin, dass die Setzung von Temporaladverbien gelegentlich redundant wirkt. Eine markante Abweichung gibt es aber doch: Bei Schiller findet sich in keinem einzigen *ehe*-Satz eine „expletive" Negation bei einem negierten Matrixsatz, obwohl solche Kontexte bezeugt sind. Sie fehlt im nachgestellten wie im vorangestellten *ehe*-Satz:

(27) {Vers.Mensch.8, NA 5/153}
Ich möchte nicht, daß es mich überraschte, ehe wir (nicht) miteinander in Richtigkeit sind.

(28) {Vers.Mensch.8, NA 5/157}
Ehe sich (nicht) eine neue und schönere Schöpfung von selbst hier gebildet hat, möchte ich die wirkliche Welt nicht von deinem Herzen reißen.

Vor allen Dingen bei negierten Aufforderungen würde man im heutigen Deutsch eine temporale Negation erwarten:

(29) {MSt., IV/11 [3283–3284], NA 9/130}
Nein, meine Königin! Verlaß mich nicht,
Eh du mir (nicht) deinen Willen kund getan.

Dabei kommen bei Schiller in anderen Nebensatztypen durchaus „expletive" Negationen vor, z.B. im *ob*-Satz:

(30) {Demetr., Studienh., NA 11/130 f.}
Er steht einen Augenblick am Rubicon, eh er losschlägt und geht mit sich zu Rath, ob er die alte Dunkelheit der mißlichen Größe nicht vorziehen,/ nicht das Blut der Völker sparen soll.

4. *ehe*-Sätze im Mittelhochdeutschen

Für das Mittelhochdeutsche bildet der erste Teil des Nibelungenliedes (bis *âventiure* 17) das Textkorpus. In diesem Text lautet die Konjunktion zumeist *ê daz*.[29] Diese Verbindung ist bei Schiller nur einmal bezeugt, und zwar mit dem Korrelat *eher*:

---

28 Schilder 2001.
29 Eine Ausnahme ist:
  NL C 698
  E man die richen gabe alle da verswanch
  die wider ze lande wolden
, ‚Bevor man die reiche Gabe ganz da aufgezehrt hatte, wollten sie wieder in ihr Land'

(31) {Dido5, NA 2-I/26}
Doch eher schlinge Tellus mich hinab,
mich schleudre Jovis Blitz hinunter zu den Schatten,
zu des Avernus bleichen Schatten,
hinunter in das ewig finstre Grab,
eh daß ich deine heiligen Gesetze,
Schaamhaftigkeit, und meinen Eid verletze.

Wichtiger ist, dass im Mittelhochdeutschen wie bei Schiller kein einziger Fall von „expletiver" Negation im *ehe*-Satz auftritt. Ein Unterschied besteht aber darin, dass kaum Temporaladverbien in komplexen Sätzen mit *ê* belegt sind: Nur einmal erscheint das Phasenadverb *noch* im Matrixsatz:

(32) NL C 636
er wande er solde trvten ir mineklichen lip
ez was noch vil vnnahen e daz si wrde sin wip
‚Er glaubte, er solle ihren minniglichen Leib liebkosen, es war noch sehr lange, ehe sie seine Frau wurde'

Die redundante Setzung von Temporaladverbien, die Schiller hat, spielt also im Nibelungenlied offenbar keine Rolle. Die Frage ist nun, woran das liegt. Die Ursache könnte sein, dass die Verbindung Konjunktion *ê* + *daz*-Satz einen anderen Nebensatztyp als einen Nebensatz mit der bloßen Konjunktion *ehe* kreiert, und zwar einen, der Faktizität evoziert.[30] Temporaladverbien wie *noch* oder *nachher* wirken hier zumindest merkwürdig:

(33)(a) ?Bevor dass noch drei Tage vergangen sind, ist das Tier gestorben.
(33)(b) *Ich wußte dass ich ihm nicht missfallen hatte, eh daß ich es nachher erfuhr.

Ein weiterer Unterschied zum Älteren Neuhochdeutschen und Neuhochdeutschen ist, dass die mittelhochdeutschen *ê daz*-Sätze etwa gleich häufig vor wie nach dem Matrixsatz erscheinen. Im Neuhochdeutschen (IDS-Korpus) stehen nur 25% der *ehe*- und *bevor*-Sätze voraus[31] (Belege 34–38):

So finden sich an nachgestellten *ê daz*-Sätzen die Belege (34) bis (38):
(34) NL C 389
Ir vil starchen segelseil wrden in gestraht
si fvren manige mile ê daz ez wrde naht
‚Ihre starken Segelseile wurden gespannt, sie fuhren viele Meilen, bevor es Nacht wurde'

(35) NL C 753
erlovbet vns die boteschaft e daz wir sizzen gen
‚erlaubt uns die Botschaft, ehe wir daran gehen uns hinzusetzen'

---

30 Man könnte in Anlehnung an Pasch (2003) von Konjunktion + Verbletztsatz sprechen.
31 Blühdorn 2004: 2000.

(36) NL C 804
vil lange habt der vor
der wirt mit sinen gesten e daz si komen drin
‚Sehr lange hielt sich der Wirt mit seinen Gästen davor auf, ehe sie hineinkamen'

(37) NL C 987
swie harte so in durste der helt doch niene tranch
e daz der kunic choeme
‚Wie sehr ihn auch dürstete, der Held trank doch nicht nichts, ehe der König kam'

(38) NL B 1051
Dehein chint was da so chleine daz iht witze mohte haben
daz mvse gen cem opffer ê wrde begraben
‚Kein Kind war das so klein, dass es (nicht) Verstand haben konnte, dass es (nicht) zu dem Opfer ginge, ehe er begraben wurde'
Mit Mittelstellung:

(39) NL C 440
ie wile was ovch Sivrit der listige man
e iz iemen erfunde in daz schiff gegan
da er die tarnkappen verborgen ligen vant
‚Inzwischen war auch Siegfried, der schlaue Mann, bevor es jemand bemerkte, in das Schiff gegangen, wo er die Tarnkappe verborgen liegen fand'

Weil insbesondere vorangestellte Temporalsätze möglicherweise auch Rahmensetzer sind, muss nun geprüft werden, wie es sich bei diesen Sätzen im Mittelhochdeutschen verhält. (40) verfügt über kein referentielles Topik, und das Topik von (41) greift den gesamten vorausgehenden Satz auf. In solchen Fällen dient der *ê daz*-Satz der reinen Situierung, also handelt es sich um Rahmensetzer.

(40) NL C 814
E daz ez vol ertagete do chomen fvr den sal
vil ritter vn— knehte
‚Ehe es völlig tagte, da kamen vor den Saal viele Ritter und Knechte'

(41) NL C 355
Do enbot er siner swester daz er si wolde sehn
vn— ovch der herre Sifrit ê daz daz was geschehn
do hete sich div schone ze wnsche wol gechleit
‚Da ließ er seiner Schwester ausrichten, dass er sie sehen wollte, und auch der Herr Siegfried. Bevor das geschehen war, da hatte sich die Schöne auf das Wundervollste gekleidet'

Demgegenüber beinhalten die folgenden Belege referentielle *Aboutness Topics*, die sich auf eine Person, auf den Sprecher oder Hörer beziehen. Teils handelt es sich um *Continuing Topics*, teils um Diskurstopiks, d. h. *Shifting Topics*; bei diesem Topik ändert sich im Text die Perspektive auf einen neuen Referenten; die Aussage wechselt also zwischen bereits etablierten Diskursreferenten.

In (42) tritt im vorangestellten *ê daz*-Satz das Diskurs-Topik *der vogt von Rine* auf. Signalisiert wird zum einen eine zeitliche Abfolge, die dem Chronologieprinzip entgegen gerichtet ist. Zum anderen ist das Ereignis des *ehe*-Satzes aufgrund des Kontextes erwartbar – in der vorausgehenden Strophe wird beschrieben, dass Waschwasser vor dem Essen gereicht wird –, während der Matrixsatz für den Hörer neue Information präsentiert. Das Ereignis des Matrixsatzes aber ist zwischen einen textuell in die Vergangenheit projizierten Augenblick und ein erwartetes zukünftiges Ereignis eingeschoben. Wie bei dem neuhochdeutschen Beispiel (12) handelt es sich hier um eine „Insertion".

(42) NL C 611
E daz der vogt von Rine wazzer do genam
do tet der herre Sivrit als im do gezam
‚Bevor der Vogt vom Rhein nun das Wasser nahm, da handelte der Herr Siegfried wie es ihm da geziemte.'

Eine typische Rahmensetzung ist also nicht gegeben. Auch hier ist damit wieder eine sekundäre Informationsstrukturierung anzunehmen.

In anderen Fällen findet sich bei dem *ê daz*-Satz mit *Aboutness Topic* eine Diskursverankerung, und zwar über den Adressaten (43), (47) und über den Sprecher (44), (45), (46). Es liegen wiederum „Insertionen" und damit sekundäre Informationsstrukturierungen vor:

(43) NL C 312
Er sprach ir gvten degene e daz ir scheidet hin
so nemt die mine gabe
‚Er sprach: „Ihr guten Recken, bevor ihr weggeht, so nehmet meine Gabe"'

(44) NL C 313
Die von Tenemarche sprachen sa zehant
e daz wir wider riten heim in unser lant
wir gern stæter svOne
‚Die vom Dänemark sprachen so sogleich: Bevor wir wieder heim in unser Land reiten, begehren wir beständigen Frieden'

(45) NL C 455
vn− het ich tusint eide zeinem fride geswarn
e daz ich sterben sæhe den lieben herren min
ia mvesen lip verliesen daz vil schoene magedin
‚und hätte ich tausend Eide auf einen Frieden geschworen, ehe ich den lieben Herrn sterben sähe, müsste fürwahr das wunderschöne Mädchen sein Leben verlieren'[32]

---

32 Vor dem *êr daz*-Satz erscheint hier eine skalares Irrelevanzkonditionale in Form eines V1-Konditionalsatzes. Dieser Satz ist nicht in das folgende Gefüge integriert (Lühr 2010).

(46) NL C 866
Do sprach der herre Sivrit un– hat si daz geseit
e daz ich erwinde ez sol ir werden leit
‚Da sprach der Herr Siegfried: "und hat sie das gesagt, bevor ich davon ablasse, soll es ihr leid tun"'

In (45) und (46) geht *êr daz*-Satz eine skalares Irrelevanzkonditionale in Form eines V1-Konditionalsatzes voraus. Dieser Satz ist nicht in das folgende Gefüge integriert.[33]

(47) NL C 433
Do sprach von Tronege Hagene frow nv lat vns sehen
iwer spil div starchen e daz iv mvse iehn
Gunther min herre da mvsez herte sin
‚Da sprach der Tronje Hagen: "Nun zeigt uns, Königin, euer gewaltiges Spiel. Bevor euch Gunter, mein Herr, (den Gewinn) zugesteht, so muss es übel zugehen"'

Hier begegnet wieder ein finaler Sinn:

(47)(a) ‚Damit euch Gunter, mein Herr, (den Gewinn) zugesteht, muss es übel zugehen'

5. Informationsstruktur und Sprachwandel

Betrachtet man nun abschließend den sprachlichen Wandel, der sich in *ehe*-Sätzen vom Althochdeutschen über das Mittelhochdeutsche und Ältere Neuhochdeutsch zum Neuhochdeutschen vollzogen hat, so sieht man an der Etymologie von ahd. *êr*, dass im Althochdeutschen die Konjunktion *ehe* ein ursprünglicher Komparativ war, dem im Nebensatz eine Komparativpartikel folgte: Die Verbindung lautete *êr thanne* ‚früher als' und ist dann zur Konjunktion geworden. *êr thanne* ist in dieser Form im Tatian belegt, bei Otfrid kommt zumeist *êr* vor. *êr* ist so bereits zur Konjunktion geworden. Vgl. die gleiche Textstelle im Tatian und bei Otfrid:

(48) Tatian 17,5
ér thanne dih Philippus gruozti mit thiu thú uuari untar themo fígboume, gisah thih.
priusquam te Philippus vocaret, cum esses sub ficu, vidi te.
‚früher als dich Philipp grüßte, als du unter dem Feigenbaum warst, sah ich dich.' (‚ehe dich Philipp grüßte')

(49) Otfrid 2,7,63 ff.
Ih sáh thih, er thih hóloti joh Philippus gíladoti,
úntar themo lóube zi themo fígboume
‚Ich sah dich, bevor dich Philipp holte und einlud, unter dem Laub bei dem Feigenbaum'

---

33 Lühr 2010.

Der Nebensatz mit der komparativischen Verbindung aber dürfte wie das komparativisch interpretierte Beispiel (25) bei Schiller fokal und daher Bestandteil der Fokusdomäne des Matrixsatzes sein:

(48)(a) ‚früher als dich Philipp grüßte, als du unter dem Feigenbaum warst, sah ich dich.'
(48)(b) Die *quaestio* ist: Wann sah ich dich?

Wenn aber die Komparativpartikel aufgegeben wird und zu der temporalen Komponente bei *ehe*-Sätzen pragmatische Inferenzen hinzukommen, kann sich im Nebensatz eine sekundäre Informationsstrukuierung entwickeln. Eine solche kann auch gelten, wenn die Konjunktion wie im Mittelhochdeutschen durch *daz* verdeutlicht wird. Eine wichtige Aufgabe der vorangestellten mittelhochdeutschen *ê daz* Sätze ist dabei, ein *Aboutness Topic* in eine vom Chronologieprinzip abweichende temporale Strukturierung zu bringen. Die Funktion ist „Insertion". Während aber die *daz*-Sätze in den *ê daz*-Verbindungen dem Nebensatz faktischen Charakter verleihen und so weniger zugänglich für Temporaladverbien werden, können in bloße *ehe*-Sätze solche Adverbien eindringen. So hat Schiller in *ehe*-Sätzen Adverbien, die heute als redundant aufgefasst würden. Dagegen ist in der Gegenwartssprache die „expletive" Negation bei verneintem Matrixprädikat häufig. Da die Setzung dieser Negation mit Faktizität in Verbindung zu bringen ist, scheint sich also vom älteren Neuhochdeutschen zum heutigen Deutsch in *ehe*-Sätzen ein Wandel von mehr Temporalität zu mehr Faktizität vollzogen zu haben. Die Entwicklung vom Althochdeutschen an ist also:

(50)
Ahd.   temporale Vergleichskonstruktion mit Vergleichssatz > Temporalsatz
Mhd.   (Temporalsatz >) faktischer Temporalsatz mit *ê daz*
Ält. Nhd.   Temporalsatz mit Temporaladverbien als Ausdruck von Temporalität
Nhd.   Temporalsatz mit „expletiver" Negation als Ausdruck von Faktizität

Für die Informationsstruktur aber ist neben Fokus, Hintergrund, Topik, Kommentar und Rahmen eine eigene, vom Matrixsatz separate Topik-Kommentar- und Fokus-Hintergrundgliederung zu postulieren, wenn Temporalsätze pragmatische Inferenzen zeigen.

Literaturverzeichnis

Blühdorn, Hardarik (2004): „Die Konnektoren nachdem und bevor". In: Blühdorn, Hardarik, Breindl, Eva & Waßner, Ulrich, Hermann (eds.): *Brücken schlagen. Grundlagen der Konnektorensemantik*. In: Berlin/New York: de Gruyter (Linguistik – Impulse & Tendenzen 5), 185–212.
Brandt, Patrick u. a. (2006): Sprachwissenschaft. ²Köln/Weimar/Wien: Böhlau.
Chafe, W.L. (1976): „Givenness, contrastiveness, definiteness, subjects, topics and point of view". In: Li, Ch. (ed.) (1976): *Subject and Topic*. London, 25–56.
Eggs, Friederike (2005): Die Grammatik von *als* und *wie*. Tübingen: Narr/Franke/Attempto.
Ehrich, Veronika (1992): *Hier und Jetzt. Studien zur lokalen und temporalen Deixis im Deutschen*. Tübingen: Niemeyer.

Féry, Caroline & Krifka, Manfred (2008): „Information Structure. Notional Distinctions, Ways of Expression." In: van Sterkenburg, Piet (ed.): *Unity and diversity of languages*. Amsterdam: John Benjamins, 123–136.

Herweg, Michael (1991): „Temporale Konjunktionen und Aspekt. Der sprachliche Ausdruck von Zeitrelationen zwischen Situationen." In: *Kognitionswissenschaft* 2, 51–90.

Krifka, M. (2009): „How to interpret „expletive negation" under *bevor* in German". To be published in a Festschrift (http://amor.rz.hu-berlin.de/~h2816i3x/articles.html/).

Lühr, Rosemarie (2010): „Zur Informationsstruktur in alten Korpussprachen." In: Kotorova, Elizaveta G. & Kotin, Michail L. (eds.): *Geschichte und Typologie der Sprachsysteme*. Heidelberg: Winter (im Druck).

Maienborn, Claudia (2000): Zustände – Stadien – stative Ausdrücke: Zur Semantik und Pragmatik von Kopula-Prädikativ-Konstruktionen. In: *Linguistische Berichte* 183: 271–307.

Maienborn, Claudia (2001): On the Position and Interpretation of Locative Modifiers. In: *Natural Language Semantics* 9/2: 191–240.

Menge, Hermann (2000): *Lehrbuch der lateinischen Syntax und Semantik*. Darmstadt.

Musan, Renate (2002): *The German Perfect. Its semantic composition and its interactions with temporal adverbials*. Dordrecht: Kluwer.

Pasch, Renate u. a. (2003): Handbuch der deutschen Konnektoren. Berlin/New York: de Gruyter (Schriften des Instituts für Deutsche Sprache 9).

Reis, M. (1997): „Zum syntaktischen Status unselbständiger Verbzweit-Sätze". In: Dürscheid, Christa, Ramers, Karl Heinz & Schwarz, Monika (eds.): *Sprache im Fokus. Festschrift für Heinz Vater zum 65. Geburtstag*. Tübingen, 121–144.

Reis, Marga & Wöllstein, Angelika (2010): „Zur Grammatik konditionaler V1-Gefüge im Deutschen". In: *Sprachwissenschaft* 29, 111–179.

Rothstein, Björn (2007): *Tempus*. Heidelberg: Winter.

Tenbrink, Thora & Schilder, Frank (2003): „(Non-)Temporal concepts conveyed by *before*, *after* and *then* in dialogue. In: Kühnlein, Peter, Rieser, Hannes & Zeevat, Henk (eds.): *Perspectives on Dialogue in the New Millennium*. Amsterdam: Benjamins, 353–380.

Wöllstein, Angelika (2008): *Konzepte der Satzkonnexion*. Tübingen: Stauffenberg (Studien zur deutschen Grammatik 70).

Schilder, Frank (2001): „Presupposition triggered by temporal connectives". In: M. Bras, M. & Vieu, L. (eds.): *Semantic and Pragmatic Issues in Discourse and Dialogue: Experimenting with Current Dynamic Theories*. Elsevier, 85–108.

Tenbrink, Thora (2003): „Imposing common ground by using temporal connectives: The pragmatics of *before* and *after*." Panel Lexical Markers of Common Grounds. 8th International Pragmatics Conference. Toronto, Canada, 13–18 July 2003.

Zifonun, Gisela, Hoffmann, Ludger & Strecker, Bruno (1997): Grammatik der deutschen Sprache. Bd. 2. Berlin/New York: de Gruyter (Schriften des Instituts für deutsche Sprache 7.2).

Zybatow, Gerhild (2007): „*Informationsstruktur in komplexen russischen* Sätzen". Abschlussbericht des DFG-Projekts (http://www.uni-leipzig.de/~fgskw/bericht/d2.pdf/).

Zybatow, Tatjana & Malink, Marko (2003): „Verbklassen und Phasenpartikeln". In: Weisgerber, Matthias (ed.): Proceedings oft he Conference „sub7 – Sinn und Bedeutung". Arbeitspapier nr. 114, FG Sprachwissenschaft. Universität Konstanz. Germany (http://ling.uni-konstanz.de/pages/conferences/sub7/)

Anita Steube

Woher kommen die Bäume? (Ein Beitrag zur Wissenschaftsgeschichte des 20. Jahrhunderts)

1. Bäume in der Graphentheorie

Es geht um die *Strukturbäume* als Repräsentationsformate, mit denen in der Syntax aber auch in den anderen grammatischen Disziplinen sprachliche Strukturen dargestellt werden. Sie heißen englisch *tree diagrams* oder *branching diagrams* und deutsch *Baumdiagramme, Baumgraphen, Stammbäume, Stemmata* und sind spezielle Arten von Graphen, mit denen sich die Graphentheorie befasst, ein Teilgebiet der Mathematik und Informatik, die sich beide zu Querschnittswissenschaften entwickelt haben.

Es folgt eine kurze graphentheoretische Charakterisierung mit den speziellen Eigenschaften der *Bäume*.

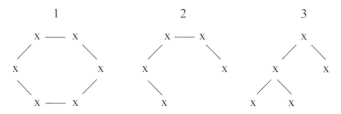

1: Beispiele für Graphen
- Ein Graph, in dem ein beliebiges Paar von Knotenpunkten durch eine Kante verbunden ist, heißt <u>vollständig</u> (vgl. 1).
- Ein Graph, in dem man von jedem beliebigen Knotenpunkt zu jedem anderen übergehen kann, heißt <u>verbunden</u> (1, 2, 3).
- Die <u>Kante</u> ist der Weg von einem Knotenpunkt zum anderen. Ein Weg, dessen Ende mit seinem Anfang zusammenfällt, bildet einen <u>Zyklus</u> (1).
- Ein verbundener Graph, der keine Zyklen enthält, heißt <u>Baum</u> (2, 3). Die Kanten heißen auch <u>Äste</u>, die Knotenpunkte <u>Knoten</u>.
- Wenn die Kanten eine <u>Orientierung</u> haben (die durch Pfeile angezeigt werden kann), spricht man von <u>gerichteten oder gewurzelten Graphen</u> (2,3).[1]
- Die gewurzelten Bäume in der Linguistik (3) können in beiden Richtungen gerichtet sein: generative Modelle haben konventionell die Richtung von der Wurzel weg, akzeptierende Modelle haben konventionell die Richtung zur Wurzel hin.
- Der <u>Binärbaum</u> (3), die Hauptverwendungsart in der Linguistik, ist eine Spezialform des gewurzelten Baumes, bei dem jeder Knoten höchstens 2 Tochterknoten hat. In der Syntax wird außerdem verlangt, dass sich jeder Tochterknoten eindeutig als linker oder als rechter Schwesterknoten einordnen lässt.

---

[1] Ju. D. Apresjan : Ideen und Methoden der modernen strukturellen Linguistik (dt. von B. Haltof und E. Mai). Berlin: Akademie Verlag 1971 (Moskau 1966), S. 115–117.

1.1 Wann entstand die Graphentheorie?[2]

Das erste Papier zur Graphentheorie hat 1736 Leonard Euler verfast: „Solutio problematis ad geometriam situs pertinentis". Es ging darum: Wie passiert man alle Brücken Königsbergs nur einmal und kommt am Ende der Tour wieder am Anfang an? Die erste mathematische Modellierung von Bäumen geschah 1857 durch Arthur Cayley.

1.2 Auf welchen Gebieten werden heute Bäume benutzt?

Neben der theoretischen Graphentheorie gibt es eine Menge von Anwendungen in vielen Technikbereichen, z. B. für Energieverbundnetze, für Bewässerungssysteme, zum Berechnen elektrischer Netzwerke, zum Ermitteln kürzester Wege unterschiedlichster Art. Die Informatik kann Datenstrukturen in Bäume umwandeln und daran Berechnungen für die unterschiedlichsten Zielanwendungen anstellen.

In der Linguistik haben wir den ersten bewussten Bezug auf die Graphentheorie der Mathematik/Informatik in den 50er Jahren des 20. Jahrhunderts im Übergang zu generativen Modellen. Die mannigfachen Anwendungen vorher entsprechen zwar den graphentheoretischen Vorgaben, die aber eher methodologisches Allgemeingut gewesen zu sein scheinen und sich auch als Repräsentationsformat für die beschriebenen linguistischen Fakten angeboten zu haben.

2. Zum Vorkommen von Bäumen in der Geschichte der Sprachwissenschaft

2.1 Bäume in der Historisch-Vergleichenden Sprachwissenschaft

Bäume finden wir in der Geschichte der Sprachwissenschaft als eigenständige Disziplin schon früh in Form der Stammbäume, die aus der Genealogie entlehnt wurden. Dort sind Stammbäume Darstellungen der Verwandtschaftsverhältnisse von Menschen oder Tieren. Die Abfolge der Generationen von Vorfahren wird mit Hilfe sich verzweigender Bäume repräsentiert, deren Wurzel der jeweilige Stammvater ist. Diese Stammbäume werden schon im Alten Testament der Bibel erwähnt. Die lateinische Bezeichnung ist arbor consanguinitatis.

August Schleicher (1821–1868), ein bedeutender Komparatist aus der Periode der Historisch-Vergleichenden Sprachwissenschaft, die vom Darwinismus beeinflusst war, bildete in seiner Stammbaumtheorie[3] die Verwandtschaft zwischen den Indo-Germanischen Sprachen ab:

---

[2] s. Wikipedia: Graphentheorie (Baum), Lehrstuhl Speckenmeyer
[3] August Schleicher: Compendium der vergleichenden Grammatik der indogermanischen Sprachen. Kurzer Abriss einer Laut- und Formenlehre der indogermanischen Ursprache; des Altindischen, Altiranischen, Altgriechischen, Altitalischen, Altslawischen, Litauischen und Altdeutschen. Bd. 1–2, Weimar 1861

2: Der Stammbaum der Indo-Germanischen Sprachen nach August Schleicher

Welche Relationen können in diesem Stammbaum ausgedrückt werden?
  – Der Wurzelknoten bezeichnet die gesamte Sprachfamilie
  – Die von einem Knoten unmittelbar dominierten Knoten (= Töchterknoten) sind in der Verwandtschaft gleich weit vom Mutterknoten entfernt. Die Töchter des Wurzelknotens zeigen Sprachzweige an, und deren Tochterknoten hinwiederum zeigen die sich aus diesen Sprachzweigen entwickelten Sprachgruppen oder Einzelsprachen an. So entsteht eine Hierarchie. Die Hierarchie sagt aber nichts über das Alter der Vertreter der Sprachzweige, -gruppen oder Einzelsprachen aus und auch nichts über die zeitliche Entfernung von der Ursprache (= dem Wurzelknoten).

Dass das Sanskrit die gemeinsame Wurzel der Indo-Germanischen Sprachen bildet, war schon vor August Schleicher widerlegt worden. Die auf Schleicher folgende Generation von Sprachwissenschaftlern, die Junggrammatiker, auch als „Leipziger Schule der Sprachwissenschaft" bezeichnet, hat den Wurzelknoten überhaupt nicht mehr als eine einheitliche Indo-Germanische Ursprache angesehen, weil sich 1. keine Denkmäler in so einer Sprache finden lassen und weil es 2. sicher von Anfang an dialektale Aufspaltungen, d. h. keine sprachlich homogene Gruppe von Indo-Germanischen Sprechern gab. Das führte die ganze Stammbaumtheorie Schleichers ad absurdum, die ja überhaupt nur die genealogische Nähe der Indo-Germanischen Sprachen abbilden wollte und nicht die regional bedingten Interferenzen oder die gesellschaftlich bedingten Ursachen für Sprachwandel. Solche Ursachen für den Sprachwandel hat Schleicher gar nicht in Erwägung gezogen, sondern nur innersprachliche Lautveränderungen.[5]

2.2 Bäume bei Wilhelm Wundt

Die nächsten Bäume tauchen vierzig Jahre nach Schleichers „Compendium …" in Wilhelm Wundts Band 1 der „Völkerpsychologie"[6] auf. Band 1, „Die Sprache" aus dem Jahre 1900, umfasst 2 Teile, in dessen zweitem Teil im Kapitel 7, mit „Die Satzfügung"

---

4 Die Sprachengruppen müssen weiter aufgegliedert werden. Das Germanische untergliedert sich z. B. in Nordgermanisch (Dänisch, Schwedisch, Faröisch, Isländisch, Norwegisch), Ostgermanisch (Gotisch, Burgundisch), Westgermanisch (Deutsch, Jiddisch, Englisch, Friesisch, Niederländisch, Afrikaans), woraus hervorgeht, dass diese Stammbäume i. d. R. keine Binärbäume sind.
5 Vgl. T. A. Amirova, B. A. Ol'chovikov, Ju. V. Rožd estvenskij: Abriss der Geschichte der Linguistik (dt. v. B. Meier), Leipzig: Bibliographisches Institut 1980 (Moskau 1975), Kap. 6.3
6 W. Wundt: Völkerpsychologie – eine Untersuchung der Entwicklungsgesetze von Sprache, Mythos und Sitte, Leipzig: Verlag von Wilhelm Engelmann 1900–1920.

überschrieben, Bäume m. W. erstmals als syntaktische Repräsentationsformen benutzt werden.

Wilhelm Wundt war Arzt und Psychologe, aber auch Philosoph und Sprachwissenschaftler. Er wirkte zur gleichen Zeit in der Leipziger Philosophischen Fakultät wie die Junggrammatiker. Als Hauptquellen für Band 1 der „Völkerpsychologie" nennt Wundt auch Werke aus dieser Schule, nämlich Hermann Pauls „Prinzipien der Sprachgeschichte" (1880) sowie Karl Brugmann und Berthold Delbrücks „Grundriss der vergleichenden Grammatik der indo-germanischen Sprachen" (1886–1900). Die Junggrammatiker[7] sprachen sich ihrerseits ebenfalls sehr positiv über Wundt in der Philosophischen Fakultät aus, unterschieden sich aber in allen wichtigen methodologischen Punkten von seinen Ansichten: sie waren historisch-vergleichende Sprachwissenschaftler, während Wundts „Die Sprache" eine synchrone grammatische Beschreibung des Deutschen (mit wenigen synchronen Bemerkungen zum klassischen Griechischen und Latein) enthält. Die historisch-vergleichenden Sprachwissenschaftler waren mehr mit Laut- und Formenlehre als mit Syntax befasst, während Wundt syntaktische Beziehungen untersuchte: Wortformen, die eigentliche Syntax und die Intonation. Die Junggrammatiker waren Anhänger der Individualpsychologie von Johann Friedrich Herbart (1776–1841). Jede Sprachveränderung wurde als individuelle Leistung angesehen. Hermann Paul lehnte die Völkerpsychologie sogar explizit ab.

Was versteht nun Wilhelm Wundt unter „Völkerpsychologie": „Völkerpsychologie hat diejenigen psychischen Vorgänge zu ihrem Gegenstand …, die der allgemeinen Entwicklung menschlicher Gemeinschaften und der Entstehung gemeinsamer geistiger Erzeugnisse von allgemeingültigem Werthe zu Grunde liegen."[8] Dazu gehören Sprache, Sitte, Mythos. Obwohl in der Geschichte Individuen die Entwicklung besonders gefördert haben, ist die Sprache in dem, was geworden ist, nach Wundt Allgemeingut.[9] Damit versteht er Sprache schon im Sinne von Ferdinand de Saussures langue, und er liefert in Band 1 der „Völkerpsychologie" eine Systembeschreibung des modernen Deutsch, während Sprache für die Junggrammatiker parole-Ereignisse sind, durch psycho-physische Tätigkeit geschaffene Texte, die sie als Corpora benutzen.

Wir kommen nun zu Wundts Baumrepräsentationen.[10] Der Satz ist für Wundt der sprachliche Ausdruck einer Gesamtvorstellung (ein psychisches Gebilde), deren Teile Beziehungen zueinander eingehen. Für wichtiger als die Zerlegbarkeit des Satzes hält Wundt die beziehungsweisen Verbindungen, die die Teile eingehen. Er stellt formale Repräsentationen dieser Verbindungen dar und liefert psychologische Erklärungen dafür. (Auf die psychologische Seite wird von uns hier aber nicht eingegangen.):

– Jede Verbindung ist binär: Subjekt – Prädikat; verbales Prädikat – Objekt; nominales Subjekt / Objekt – Attribut; Verb – Adverb. Diese Verbindungen werden als „geschlossene" bezeichnet. Ihre Relationen werden hierarchisch geordnet und mit Bäumen dargestellt.

---

[7] Vgl. B. Bartschat: Methoden der Sprachwissenschft von Hermann Paul bis Noam Chomsky. Berlin: Erich Schmidt Verlag 1996, Kap. 1; Vgl. T. A. Amirova, B. A. Ol'chovikov, Ju. V. Roždestvenskij: Abriss der Geschichte der Linguistik, Kap. 7.1 und 7.2

[8] W. Wundt: Völkerpsychologie – eine Untersuchung von Sprache, Mythos und Sitte. Band 1.1, Leipzig 1900, S. 6

[9] nach ebenda, S. 6

[10] s. W. Wundt: Völkerpsychologie …, Band 1.2, Kap. 7, Abschnitt 5, betitelt „Gliederung des Satzes und Satzformen", S. 309–347.

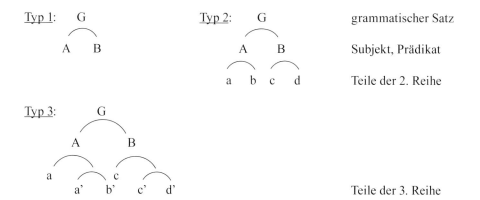

3: Typen von geschlossenen Verbindungen in Satzstrukturen bei Wundt, S. 322

– Es können weitere Verbindungen dazu kommen, so dass neben den „geschlossenen" Wortverbindungen noch „offene" entstehen, z.B. Nebenordnungen, Appositionen, asyndetische Verbindungen. Z.B.: *Der Feind überschritt den Fluss und warf unsere Armeen zurück.* Ausdruck der offenen Verbindung ist hier nach Wundt das Fehlen des Subjekts im 2. Teil. Die offenen Verbindungen werden überstrichen, die geschlossenen mit Bögen verbunden.

S   A V

4: Beispiel für geschlossene und offene Verbindung bei Wundt, S. 338, in dem S = Subjekt, A = Attribut, V = Verbkomplex symbolisiert

Diese Bäume sind – in moderner Terminologie – solche mit unetikettierten Knoten. (Die Knoten muss man sich über dem Bogen/Querstrich vorstellen.) In modernen Bäumen wird dagegen nicht mehr zwischen geschlossenen und offenen Verbindungen unterschieden, es sei denn durch die Positionen der Knoten in der Hierarchie.

In welchen Beziehungen stehen bei Wundt die (Teil-)Sätze zueinander? Es folgen para- und hypotaktische Verbindungen:

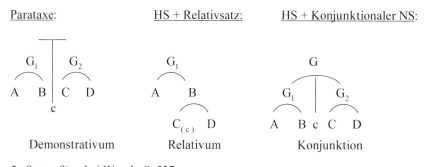

5: Satzgefüge bei Wundt, S. 327

c ist das verkoppelnde Element. Der Relativsatz wird als <u>Eing</u>liederung in den Hauptsatz (HS) bezeichnet, weil der Relativsatz einem Satzglied zugeordnet wird; die Verbindung mit Konjunktion dagegen wird als <u>Ang</u>liederung an den Gesamtsatz interpretiert. Es werden drei Arten von Konjunktionen im Nebensatz (NS) aufgezählt:

Koordinierende: *und, auch, also, denn,* usw.
Oppositive: *aber, sondern, dennoch, dagegen,* usw.
Limitative: *indessen, gleichwohl, übrigens,* usw.

Temporale, modale, lokale Konjunktionen usw. oder einfach unterordnende Konjunktionen wie *dass, ob, wenn* werden nicht genannt, kommen aber in den Beispielen vor, allerdings nicht mit der Kennzeichnung c, sondern als direkte Unterordnungen: „falls G_1 – so G_2", „dass G_2", die ja auch geschlossene Verbindungen darstellen. Heute sind die Funktionen der Wörter genauer untersucht. Es kommt aber hier nicht auf Wundts Feinanalyse an, sondern auf seine Repräsentationsmittel.

Ein Beispieltext aus den „Wahlverwandtschaften" mit Analyse:

„*Als er sich den Vorwurf sehr zu Herzen zu nehmen schien* (a b)*, und immer aufs neue betheuerte* (c)*, dass er gewiss gerne mitteile* (d)*, gern für Freunde thätig sei* (e)*, so empfand sie* (A B)*, dass sie sein zartes Gemüth verletzt habe* (a_1 b_1)*, und sie fühlte sich als seine Schuldnerin* (A D)*.*"[11]

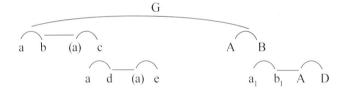

6: Beispielgraph eines komplexen Satzes S. 343, in dem die nicht-overten Satzglieder eingeklammert sind

Im Abschnitt 6. des 7. Kapitels ist die „Ordnung der Satzglieder" dargestellt.[12] Hier behandelt Wundt die Wortfolgevariationen am Beispiel des Lateinischen. Er benutzt die lateinische Sprache, weil sich in deren Sätzen nichts ändert als die Wortfolge, während im Deutschen bei Umstellungen Hilfsmittel wie Passiv, Expletiva etc. benutzt werden (müssen). Wundt unterscheidet 3 Haupt- und drei Nebentypen. Unter jeder Analyse eines Satztyps steht die Frage, die der Satz des entsprechenden Typs beantwortet und die inhaltliche Übersetzung dazu nach Wundt. Er nähert sich damit der Kontextabhängigkeit der Sätze schon ähnlich wie heute.

---

11 W. Wundt: Völkerpsychologie …, Band 1.2, Kap. 7, Abschnitt 5, betitelt „Gliederung des Satzes und Satzformen", S. 343.
12 W. Wundt: Völkerpsychologie …, Band 1.2, Kap. 7, Abschnitt 6, betitelt „Ordnung der Satzglieder", S. 347–375.

Haupttypen:

1. S
   V O
Wer war Romulus ?
Romulus condidit Romam
R. war der Gründer Roms

2. V
   O S
Was geschah damals ?
Condidit Romam Romulus.
d. Gründung Roms durch R.

3.   S
   O V
Was wurde gegründet ?
Romam condidit Romulus.
Rom wurde gegründet

Nebentypen :

1a. S
    O V
Wer gründete Rom?
Romulus Romam condidit.
Romulus

2a.   O
    V S
Was geschah durch Romulus?
Condidit Romulus Romam.
die Gründung Roms

3a. O
     S V
Was wurde durch Romul. gegr.?
Roman Romulus condidit.
Rom

7: Typen von Thema-Rhema-Gliederungen bei Wundt, S. 349

Bei den Nebentypen bleibt der Gegenstand der Frage nach Wundt gleich, aber die Richtung ändert sich, weil in die Frage auch dasjenige Satzglied hineingezogen wird, das dem im Haupttyp gefragten folgt.[13]

Wundt hat mit diesen Beispielen also sehr früh die Thema-Rhema-Gliederung der Sätze aufgegriffen, die Hans Georg Conon von der Gabelentz (1840–1893) und Hermann Paul (1846–1921) schon kurz ins Auge gefasst hatten. Wundts Repräsentationen heben die geschlossenen Verbindungen der Haupttypen bei veränderter Wortstellung nicht auf, aber Linearisierung und Hierarchisierung ändern sich. Damit wird aber auch die Relation zwischen den Satzgliedern zerstört. Und es wird nicht danach gefragt, von welcher Normalstellung (in einem kontextfreien Satz) die Satztypen denn Varianten sind. Nach einer hundert Jahre währenden Beschäftigung mit diesen Problemen wundern wir uns heute nicht, dass Wundts Repräsentation den Daten (bes. in 1.) und insbesondere den Fakten nicht gerecht wird, denn das Verhältnis zwischen Linearität und Hierarchie war damals noch nicht im Blick, ebenso wenig die Interaktion der grammatischen Ebenen. Wundt macht sich allerdings folgende Gedanken zum Zusammenhang von Syntax und Intonation: *Wo die Wortstellung frei ist, nicht durch eine überlieferte feste Norm oder durch andere Bedingungen gebunden ist, da folgen sich die Wörter nach dem Grad der Betonung der Begriffe. Nun ruht die stärkste Betonung naturgemäß stets auf derjenigen Vorstellung, die den Hauptinhalt der Aussage ausmacht: sie steht im Satz voran.*[14] Dieses Urteil trifft allerdings nur auf Wundts Nebentypen zu.

---

13 Ebenda, S. 349.
14 Ebenda, S. 350. Für die Analyse der lateinischen Sätze in (6) und die Einordnung der Wundtschen Syntax in die sprachwissenschaftliche Herangehensweise der Junggrammatiker bin ich Rosemarie Lühr zu Dank verpflichtet.

2.3 Baumdarstellungen in strukturalistischen Arbeiten

Bei de Saussure oder in den Arbeiten des Prager Linguistenkreises bis 1939 finden sich keine Baumgraphen, auch nicht in den streng formalen Arbeiten der Kopenhagener Strukturalisten (L. Hjelmslev, H. J. Uldall), die algebraische Darstellungen für ihre strukturellen Verallgemeinerungen benutzen. Baumgraphen finden sich erst im Amerikanischen Strukturalismus, aber immer noch in graphentheoretisch unreflektierter Form.

Leonard Bloomfield war zwar 1913/14 in Göttingen und Leipzig und hörte bei den Junggrammatikern und bei Wilhelm Wundt Vorlesungen. Er hat die Historisch-Vergleichende Sprachwissenschaft und Wundts „Völkerpsychologie" Bd. 1 auch schon in seinem 1914 veröffentlichten Studienbuch „An Introduction to the Study of Language" als die zwei möglichen methodologischen Richtungen der Sprachwissenschaft gelobt und seinen Studenten ausdrücklich empfohlen. Hockett schreibt aber im Vorwort zur zweiten Ausgabe von „Language" im Jahre 1961, dass sich Bloomfield ab 1914 der Beschreibung von Eingeborenensprachen zuwandte (erst Tagalog und ab 1920 den Indianersprachen Menomini und Cree) und die Linguistik von psychologischen Deutungen befreien und die Struktur aus der Sprache selbst heraus erklären wollte. Bloomfield sagt seinerseits im Vorwort zur ersten Ausgabe von „Language" 1933, dass er sich den Mechanisten nicht nur anschließt, *because I believe that mechanism is the necessary form of scientific discourse, but also because an exposition which stands on its own feet is more solid and more easily surveyed than one which is propped at various points by another and changeable doctrine.* (S. XV–XVI) Hockett sieht hinter dieser *doctrine* die Psychologie.

Schon 1926 im Vorwort zu „A Set of Postulates for the science of Language" ist Bloomfield zu folgendem Schluss gekommen: *Die Methode der Postulate (das heißt, die Annahmen und Axiome) und Definitionen ist für die Mathematik vollkommen angemessen. Andere Wissenschaften lassen sich dieser Methode umso weniger gefügig machen, je komplexer ihr Gegenstand ist, weil bei ihnen jedes deskriptive oder historische Faktum Gegenstand eines neuen Postulates wird. Trotzdem kann die axiomatische Methode das Studium der Sprache vorwärts bringen, da sie uns zwingt, alle unsere Annahmen explizit anzugeben, unsere Termini zu definieren und zu entscheiden, was unabhängig voneinander existieren kann und was aufeinander zu beziehen ist.*[15] In diesem Sinne ist in „A Set of Postulates …" jedes sprachliche Element ebenso wie seine Positionen definiert worden und so fort wieder die Kombinationen aus solchen Elementen bis hin zur Äußerung. In „Language" sind die Kapitel 6 „Syntax" und 16 „Formclasses and lexicon" nach dieser Methode aufgebaut.

Zur gleichen Zeit hatte die amerikanische Psychologie dem Mentalismus abgeschworen und wollte sich durch den Behaviorismus von einer Geistes- zur Naturwissenschaft wandeln. Dort nahmen Bloomfield und seine Nachfolger Anleihen, um die nicht beobachtbare Bedeutungsseite der Sprache auf Beobachtbares, nämlich auf Stimuli (welche Äußerungen hervorrufen) und Reaktionen (in der Form der Äußerungen selbst), herunterzubrechen. Bedeutung ist also die beobachtbare Situation, in der die Äußerung erfolgt.

---

15 L. Bloomfield: A Set of Postulates for the Science of Language, in: E. Bense, P. Eisenberg, H. Haberland (Hrsg.): Beschreibungsmethoden des amerikanischen Strukturalismus. München: Hueber 1976, S. 36

Auf der Basis des Bloomfieldschen Herangehens haben seine Mitstreiter und Nachfolger (Z. Harris, B. B. Bloch, E. A. Nida) das Modell „Item and Arrangement" entwickelt. Es kann aus den Texten die Elemente auf allen Ebenen des Sprachsystems segmentieren, sie klassifizieren und in Kontexten gegeneinander austauschen, d.h. größere Formklassen bis hinauf zum Satz zusammenstellen und auf diese Weise die Forschertätigkeit des Linguisten bei der Gewinnung von Grammatiken und Wörterbüchern nachbilden. Dieses IA-Modell bezeichnet Rulon Wells als die Grundlage für seine „immediate constituents" (IC).[16] Im Artikel wird der Beispielsatz wie folgt in Form unmittelbarer Konstituenten repräsentiert:[17]

The | | king | | | of | | | | England | open | | | ed | | Parliament.

8: Graph im IA-Modell von Wells

Wie kommt diese Gliederung zustande? Ausgangspunkt ist die ganze Äußerung „The king of England opened Parliament". Diese wird in 2 Teile geteilt: „the king of England" und „opened Parliament" und ein Strich dazwischen gesetzt. Die schon entstandenen Teile werden mit 2 Strichen wieder geteilt in „the" und „king of England" bzw. „opened" und „Parliament". Die nun entstandenen Teile werden mit drei Strichen geteilt, und wenn es noch zu teilende Folgen gibt wie „of England", werden diese mit 4 Strichen in „of" und „England" geteilt.

Öfter wurden die Repräsentationen auch als Klammrstrukturen wie in 8: dargestellt.

(((The) ((King) ((of) (England)))) (((open) (ed)) (Parliament)))

9: Unetikettierte Klammerstruktur zu 8:

Auch der Phrasenstruktur-Baum wurde von den Deskriptivisten schon genutzt (vgl. 10). Alle diese Repräsentationen hatten aber unetikettierten Knoten.

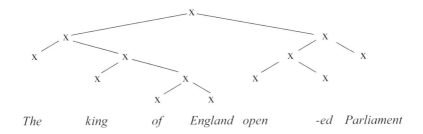

10: Phrasenstrukturbaum zu 8: mit unetikettierten Knoten

---

16 R. Wells: Unmittelbare Konstituenten. In: E. Bense, P. Eisenberg, H. Haberland (Hrsg.), S. 81–117 (englisch: Immediate Constituents. In: Language 23, 1947).
17 Ebenda, S. 215

Der Amerikanische Deskriptivismus brachte igs. unterschiedliche Konstituentenstrukturmodelle hervor, die letztlich alle die gleiche beschreibende Kraft hatten und von Paul Postal[18] als deskriptivistische Analysen kritisiert wurden: Es sind die IC-Modelle von B. B. Bloch, R. S. Wells und Ch. F. Hockett; das Tagmemische Modell von K. L. Pike, R. Longacre und ihren Mitarbeitern [das streng zwischen -emischen (funktionell kontrastiven) und -etischen (physikalisch realen) Elementen unterscheidet], die Stratifikationsanalyse von S. M. Lamb [die besonderen Wert auf die Hierarchisierung grammatischer Ebenen legt], die Konstruktionsgrammatik von Ch. F. Hockett und die String Analysis von Z. Harris ebenso wie Z. Harris' Transformationsanalyse, die sich von Noam Chomskys Transformationsgrammatik fundamental unterscheidet.

Ersetzungsmodelle mit (in ihrer Entstehungszeit meist unettikettierten) Baumrepräsentationen gab es über den Amerikanischen Deskriptivismus hinaus auch in Europa. Dazu kam die Dependenzgrammatik [auch Valenzgrammatik genannt] des Franzosen Lucien Tesnière, die formalisiert wurde und bis heute von der Computerlinguistik benutzt wird; oder die Kategoriengrammatik von Y. Bar-Hillel und J. Lambeck, eine Erkennungs- oder Identifikationsgrammatik.

3. Die graphentheoretisch basierten Bäume der Generativen Syntax

Gegen Ende der 50er Jahre trat die Automatisierung der Forschertätigkeit des Grammatikers nach dem Muster der Deskriptivisten hinter die neue Aufgabe zurück, die Fähigkeiten der Sprachträger zu erklären, nämlich
 – richtige von falschen Sätzen zu unterscheiden
 – Sätze zu verstehen (aus ihnen die Information herauszuholen)
 – Sätze zu produzieren (sie aus gegebenen Informationen aufzubauen)
 – den Spracherwerb einer beliebigen Sprache neu zu erklären.

Dazu gab es auch Stimuli aus anderen Wissenschaften: die Entwicklung der kognitiven Psychologie, die Entwicklung der Digitalrechner und die Entstehung der Informationsverarbeitung. Das führte auch in der Linguistik zu neuen Sub- und Zwischendisziplinen: automatisches Übersetzen / Textreferieren / Informationsrecherche, zur Entstehung der Computer- und Corpuslinguistik und der Psycholinguistik. In diesen Disziplinen wie in der Stammdisziplin Linguistik sind mathematische Grundbegriffe aus der Mengenlehre, Graphentheorie, Wahrscheinlichkeitsrechnung ebenso wie aus der Mathematischen Logik und kognitiven Psychologie heimisch geworden. Einer der ersten, der ein generatives IC-Modell aufbaute, indem er die Reduktionsregeln der Deskriptivisten in Expansionsregeln umwandelte, war der Informatiker V. Yngve.[19] Von da an sind die Bäume in der Syntax auch bewusst nach den Vorschriften der Graphentheorie ausgerichtet.

---

18 Vgl. Paul Postal: Constituent Structure. A Study of Contemporary Models of Syntactic Description. In: IJAL 30/1, 1964.
19 V. Yngve: Random Generation of English Sentences. In: National Physical Laboratory. Teddington/Middlesex 1961; zitiert nach Ju. D. Apresjan: Ideen und Methoden der modernen Strukturellen Linguistik (dt. von B. Haltof und E. Mai), Berlin: Akademie Verlag 1971 (Moskau 1966), S. 189.

Reduktionsregeln

$D + A_x \rightarrow A_x$
$A_x + N_x \rightarrow N_x$
$V + N_x \rightarrow V$
$N_n + V \rightarrow S$

Expansionsregeln

$S \rightarrow N_n + V$
$V \rightarrow V + N_x$
$N_x \rightarrow A_x + N_x$
$A_x \rightarrow D + A_x$

11: Die Umkehrung von Reduktions- in Expansionsregeln

Nach diesen Expansionsregeln wird nicht mehr der jeweilige Satz analysiert, sondern es kann eine Vielzahl von Sätzen generiert werden. Das Modell Yngves[20] besteht aus einer Grammatik und einem Mechanismus. Die Grammatik ist eine Menge ungeordneter IC-Regeln dreier Typen:

A → BC
A → b (terminales Symbol)
B → D + ... + E (für Konstruktionen mit diskontinuierlichen Elementen)

Der Mechanismus ist ein idealisierter Rechenautomat aus vier miteinander verbundenden Teilen: *Hauptspeicher* (er enthält alle Regeln der Grammatik), *Lösungswerk* (ersetzt je 1 Symbol links durch die Symbole auf der rechten Seite der Expansionsregel), *Ausgabewerk* (es druckt die zu fixierenden Elemente), *Schnellspeicher* (speichert die Zwischenresultate). Eine Ausgabekette für den Satz *The man saw the dog* sieht wie folgt aus:

S NP T the N man VP V saw NP T the N dog.

12: Ausgabekette eines Yngve-Mechanismus

Die Generierung erfolgt immer durch Ersetzung eines Knotens unter Mitnahme der grammatischen Symbole. Die Ausgabe lässt sich auf einen etikettierten Baum abbilden:

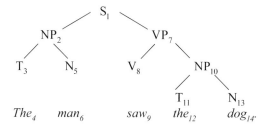

13: IC-Baum der generativen Grammatik von Yngve[21]

Yngve hat mit seinen Mitarbeitern die Sätze vieler Sprachen auf diese Weise generiert und hat ausprobiert, welche Rechenautomaten zum Generieren von Sprache am geeignetsten

---

20 Vgl. Ju. D. Apresjan: Ideen und Methoden der modernen Strukturellen Linguistik, S. 193
21 Vgl. Ju. D. Apresjan: Ideen und Methoden der modernen Strukturellen Linguistik, S. 195

sind. Das Problem war hauptsächlich, dass bei regressiven Strukturen (das sind diejenigen, die nach links verzweigen) der Schnellspeicher überlastet wird, weil er sich zu viel merken muss, ehe er zu einer oberen Ebene im Baum zurückkehren kann. Ein Beispiel: *Wenn man (in der Gesellschaft) kaum versteht,* was es wirklich bedeutet, _in eine Schule zu gehen, deren Lehrkörper sichtlich nicht sehr gut zusammengesetzt ist,_ *muss das Sorgen machen.* Yngve rechnete aus, dass die vom Menschen verarbeitbare Tiefe nicht größer als 7 sein darf.[22]

Noam Chomsky hat sich am Anfang neben linguistischen Problemen auch mit formalen Automaten und Automatensprachen beschäftigt. Aber zum einen widerlegte die Psychologie die Regressivitätshypothese Yngves. Zum anderen waren diskontinuierliche Konstituenten, Koordination, Kongruenz und das Verhältnis zwischen Aktiv- und Passivsätzen, Aussagen und Fragen, positiven und negierten Aussagen etc. in den generativen IC-Grammatiken der Informatiker so wenig darstellbar wie in den deskriptiven IC-Modellen. Außerdem stellte Chomsky fest, dass jede Phrasen-Struktur-Komponente (=PS-Komponente) eine terminale Sprache erzeugt, dass es aber terminale Sprachen gibt, die keine *finite state* Sprachen sind. Deshalb sollte man sich nicht auf *finite state grammars* kaprizieren. Chomsky schlug deshalb vor, ein neues Modell auszuarbeiten, das diesen Schwierigkeiten gewachsen ist, das Transformationsmodell.[23] Diese Entscheidung Chomskys ist nach Apresjan[24] zwischen 1951 und 1955 gefallen. Was Chomskys Herangehen weiterhin maßgeblich von den Deskriptivisten unterscheidet, ist die Feststellung, dass jede grammatische Ebene nicht einfach eine Kombination der Einheiten der niedrigeren Ebene ist, wie es die Deskriptivisten annahmen, sondern dass jede Ebene spezifische Mengen von Regeln braucht. Es sind aber nach Chomsky 1957 immer Regeln folgender Art:

– PS-Regeln für die Basis,
– Transformationsregeln u.
– morphonologische Regeln

Ergebnis der PS-Regel-Anwendung ist der Konstituentenbaum. Die PS-Regeln sind geordnet, Permutation ist verboten und zunächst auch Rekursivität. Die PS-Regeln zerfallen zunächst in kontextfreie und kontextgebundene Regeln (auch als ‚kontextsensitive' Regeln bezeichnet). Die kontextgebundenen PS-Regeln sind aber sehr früh weggefallen.

$$V \rightarrow \left\{ \begin{array}{l} V_t\ /\ --\ NP \\ V_i\ /\ --\ \left\{ \begin{array}{l} \# \\ Adv \end{array} \right\} \end{array} \right\} \quad \begin{array}{l} \text{write a letter} \\ \text{arrive} \\ \text{speak freely} \end{array} \quad \begin{array}{l} \text{– einen Brief schreiben} \\ \text{– ankommen} \\ \text{– ungehindert sprechen} \end{array}$$

14: Beispiel für kontextgebundene PS-Regeln

PS-Regeln erzeugen die sog. Kernsätze, die die am häufigsten auftretenden Satztypen enthalten. Transformationsregeln machen aber den größeren Teil der Regeln aus. Ihre Eigenschaften sind:

---

22 V. Yngve: The Depth Hypothesis. In: Structure of Language and its mathematical aspects. New York 1961
23 Noam Chomsky: Syntactic Structures. The Hague: Mouton 1957
24 Ju. D. Apresjan: Ideen und Methoden der modernen strukturellen Linguistik (dt. von B. Haltof und L. Mai). Berlin: Akademie Verlag 1971

– die rekursive Anwendbarkeit
– mehrere Symbole einer Struktur können gleichzeitig ersetzt werden.
– Die Ableitungsgeschichte spielt für Neuanwendungen von Transformationen keine Rolle.
– Die Transformationen gliedern sich in obligatorische und fakultative
– Es gibt einfache und zusammengesetzte Transformationen. Obligatorische Transformationen werden auf die Basis angewendet und ergeben Kernsätze. Die fakultativen werden auf beliebige Ausgangsstrukturen angewendet.
– Jede Transformation operiert auf einem Baum und hat als Ausgabe wieder einen Baum. Die Ergebnisbäume nach Anwendung der Transformationen sind aber in den frühen Stufen der Transformationsgrammatik kaum dargestellt worden.

Wir geben jetzt ein Beispiel für *The man saw the dog* nach „Syntactic Structures". Die Basis ist dem Yngve-Modell noch sehr ähnlich:

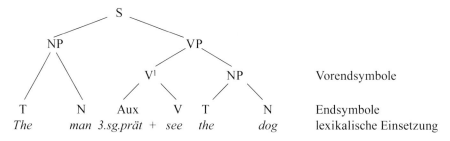

Einfache Transformation:
Anhängen der verbalen Affixe (obligatorisch)
Strukturanalyse: The man 3.sg.prät see the dog
Strukturveränderung: 1   2   3   4   5   6   → 1 2 4+3 5 6
                                                                The man saw the dog.

Passivtransformation (fakultativ)
Strukturanalyse: The man 3.sg.prät see the dog
Strukturveränderung: 1   2   3   4   5   6 → 5 6 be+3 4+Perf.(by 1 2)
                                                                The dog was seen (by the man).

Generalisierte Transformationen:
T$_{so}$:
Strukturanalyse: Father is good; John is good.
Strukturveränderung: 1   2   3   4   5   6   → 1 2 3 and so 5 4.
                                                                Father is good and so is John.

Die PS-Regeln werden auch auf die Morphologie angewendet:
see + 3.sg.präs. → sees, /s i: s/, [s i : z]

15: Beispielanalysen nach "Syntactic Structures"

Die Beispiele rufen in Erinnerung, wie sehr sich von den 50er Jahren des 20.Jhds bis heute die Regelapparate und damit auch die Bäume verändert haben. Wir führen die wichtigsten Veränderungen auf:

1. PS-Regeln:
   – das Satzsymbol (meist CP) ist ein rekursives Symbol geworden
   – durch die X-bar-Theorie wurden die Projektionsstufen der Kategorien generalisiert
   – funktionale Kategorien mit Projektionsstufen wurden eingeführt

2. Transformationsregeln:
   – die Transformationsregeln sind alle obligatorisch geworden
   – nach Einführung von Prinzipien und Parametern ist jegliche Transformation auf „move – α" reduziert. Alle Transformationen operieren im rekursiven PF-Baum von unten nach oben
   – die Grenze zwischen Tiefenstruktur und Oberflächenstruktur wurde schließlich aufgehoben, d. h. *merge* und *move* operieren abwechselnd und zwar in festgelegten Phasen von unten nach oben.

Somit sind heute sowohl die früheren PS-Regeln als auch die früheren Transformationsregeln gleichermaßen am Aufbau der Bäume beteiligt. Zu dem, wie die Graphentheorie Bäume definiert hat, hat die Linguistik sehr viel Spezifisches hinzugefügt, mindestens alle Knotenbezeichnungen und die Vorschriften über die Richtung und den Verlauf der Generierung der Bäume. Es folgt die Analyse der Baumstruktur des Satzes *Wer liebt wen* nach Grewendorf 2002 als Beispiel einer minimalistischen Analyse.

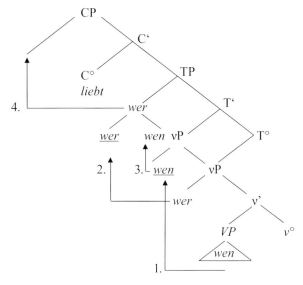

16: Mehrfache w-Bewegung im Deutschen[25]

---

25 G. Grewendorf: Minimalistische Syntax. Tübingen und Basel: Franke 2002. S. 276. Die Unterstreichungen markieren die sichtbaren Elemente von Ketten.

4. Bäume in der Semantik und Phonologie

Es werden nur wenige Beispiele angeführt, die zeigen sollen, dass Bäume nicht nur Syntaxbäume sind.

4.1 Generative Semantik[26]

Die Generativen Semantiker, alles ursprüngliche Chomskyaner (J.R.Ross, Gg. Lakoff, J.D.Mc Cawley) wollten zeigen, dass die Tiefenstruktur – wie postuliert – nicht alles enthält, was zur Interpretation der Sätze notwendig ist. Sie haben deshalb zwischen 1967 und 1975 die Syntaxbäume um semantische und pragmatische Marker und Phrasen erweitert. *John killed Bill* wurde z.B. so angereichert, dass ein kausatives und ein inchoatives Prädikat eingefügt wurden, umschrieben als „John caused that Bill became killed".

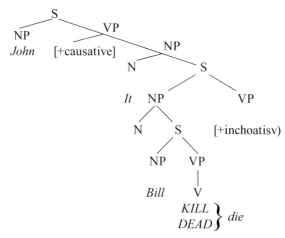

17: Stammbaum in der Generativen Semantik nach N.F. Newmeyer S. 111

John began the book wurde so angereichert, dass es als "John began an activity with respect to the book" interpretiert werden konnte.

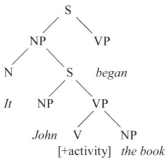

18: Stammbaum in der Generativen Semantik nach N.F. Newmeyer S. 106 f.

---

26 Vgl. F.J. Newmeyer: Linguistics in America. Orlando: Academic Press ²1986, Part II

Die Generative Semantik wurde aufgegeben, als die Bäume zu lang wurden, weil aus dem Kontext alles zur Interpretation benötigte in syntaktische Strukturen hineingepumpt wurde, was dem Wesensmerkmal der Sprache, unterspezifiziert zu sein, völlig widersprach. Was die Baumstrukturen in der generativen Semantik anbetrifft, gibt es aber keine formalen Beanstandungen.

4.2 Das Operieren semantischer auf syntaktischen Strukturen

R. Montague baute einen Homomorphismus zwischen syntaktischen und semantischen Strukturen auf. Mit jedem dominierenden Knoten im Syntaxbaum war eine Regel zur Kombination der intensionalen Bedeutung von dessen unmittelbaren Konstituenten verbunden (s. die Ziffern). Der Mechanismus arbeitete von den Endketten zum Wurzelknoten. Jeder Nicht-Endknoten konnte demzufolge durch die der syntaktischen Analyse entsprechende semantische Strukturkette etikettiert werden. Damit war dem Fregeschen Kompositionalitätsprinzip Genüge getan. Die Interpretation der Logiksprache erfolgte modelltheoretisch.

19: Syntax und Semantik von „Every man talks" nach R. Montague[27]

M. Bierwisch hat eine getypte lambda-kategoriale Sprache für die Semantische Form (SF) seiner Zweiebenensemantik[28] entwickelt. Die (SF) ist Teil der Grammatik eines Chomskyschen Government-Binding Modells. Die semantischen Amalgamierungsregeln ‚funktionale Applikation' und ‚funktionale Komposition' operieren auf den syntaktischen Bäumen von unten nach oben. Die SF Repräsentationen müssen dann noch im konzeptuell-intentionalen System (außerhalb der Grammatik) interpretiert werden, was die zweite semantische Ebene ausmacht.

---

27 Vgl. D. R. Dowty, R. E. Wall, St. Peters: Introduction to Montague Semantics. Dordrecht, Boston: D. Reidel Publishing Comp. 1981, S. 194–196.
28 Vgl. M. Bierwisch, E. Lang: Grammatische und konzeptuelle Aspekte von Dimensionsadjektiven. Berlin: Akademie-Verlag 1887

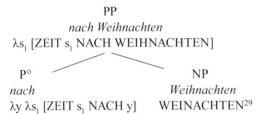

nach Weihnachten
λs₁ [ZEIT s₁ NACH WEIHNACHTEN]

P°   NP
nach   Weihnachten
λy λs₁ [ZEIT s₁ NACH y]   WEINACHTEN[29]

20: SF-Repräsentation nach Bierwisch

Arnim von Stechow baut die semantische Repräsentation des Satzes[30] auf der LF-Struktur einer Government-Binding Syntax auf. Sein semantisches Repräsentationsformat ist eine extensionale und intensionale getypte Sprache mit semantischen Kompositionsregeln. In Übereinstimmung mit Heim und Kratzer[31] wird die Kombinatorik top-down überprüft. Es folgt die semantische Analyse von *Bill hates every obnoxious child* mit Quantifier Raising auf LF.[32]

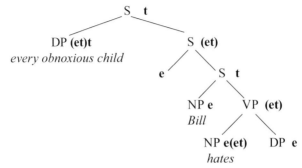

21: Semantische Repräsentation nach v. Stechow

Die syntaktischen Kategoriensymbole und die semantischen Typen sind an den Knoten jeweils nebeneinander eingetragen.

4.3 Bäume in der Phonologie

In der autosegmentalen Phonologie werden nicht, wie im Modell des „Sound Pattern of English" von Chomsky und Halle 1968, binäre Merkmale für Länge oder Silbigkeit in die Segmentmerkmale aufgenommen, sondern dafür werden in der Silbe, der diese Eigen-

---

29 Vgl. M. Bierwisch: On the Grammar of Local Prepositions. In: M Bierwisch, W. Motsch, I. Zimmermann (eds): Syntax, Semantik und Lexikon (studia grammatica 29), Berlin: Akademie Verlag 1988, S. 1–65.
30 A. von Stechow: Syntax and Semantics: An Overview. Draft: 2.9.2008
31 I. Heim, A. Kratzer: Semantics in Generative Grammar. Oxford: Blackwell 1998
32 A. von Stechow ebenda, S. 19.

schaften ja zukommen, besondere Schichten aufgebaut. Eine Silbe zerfällt in Anfangsrand R, Silbenkern K und Koda Ko. Im Anfangsrand kommen im Deutschen maximal drei Konsonanten vor, in der Koda bis zu fünf. Der Kern enthält kurze und lange Vokale oder Diphthonge. Darunter liegt die Skelettschicht (aus X-Positionen, die lange/kurze Silben kennzeichnen, oder in einem CV-Modell aus Konsonant-/Vokal-Positionen, die silbische/ nichtsilbische Segmente kennzeichnen). Wir repräsentieren die einsilbigen Wörter *trennst*, *fiel*, *Baum* in einem Silbenmodell mit KV-Schicht[33]:

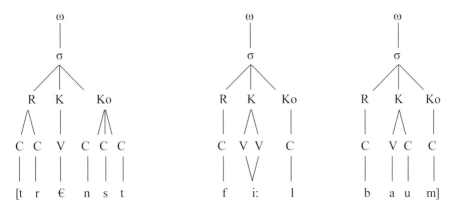

22. Bäume im Silbenmodell mit CV-Schicht für das Deutsche

Diese Bäume entsprechen nicht notwendig dem für die Syntax entwickelten Schema: Es kommen nicht nur binäre Verzweigungen vor, und die Graphen sind auch nicht immer gerichtet. In Repräsentationen für die Resyllabifizierung nach dem Anfügen von Affixen an Stämme finden sich sogar weitere Formen mit Zyklen. Es gibt aber auch Modelle, die Vorschriften enthalten, wie gerichtete Graphen mit binärer Verzweigung entstehen.

5. Zusammenfassung

Die in der Geschichte der Sprachwissenschaft aufblitzende Meinung, die Repräsentation syntaktischer Strukturen als Bäume habe Bloomfield von Wundt übernommen und unter seinen Schülern und Anhängern verbreitet, lässt sich nicht erhärten. Bloomfield selbst hat keine solchen Repräsentationen verwendet und hat sich darüber hinaus ab den zwanziger Jahren des 19. Jhds völlig vom Wundtschen Einfluss gelöst und ist zum Empiristen und Deskriptivisten geworden. Die Baumrepräsentationen sind nach dem 2. Weltkrieg in der Übergangsperiode von der deskriptiven zur generativen Linguistik durch die enge Beziehung der damaligen Linguisten zur Informatik und Computerlinguistik in die Grammatikschreibung gekommen. Sie haben die graphentheoretischen Grundlagen der Bäume übernommen und haben sie mit der Entwicklung und Veränderung der generativen Grammatikmodelle

---

33 Nach T. A. Hall: Phonologie – eine Einführung. Berlin, New York: Walter de Gruyter 2000, S. 251

bis heute schrittweise spezifiziert. Ein besonders geeignetes Repräsentationsinstrument sind Bäume für die syntaktischen Strukturen. Für die semantischen Strukturen finden sie sich in den Modellen, die Bedeutungsstrukturen auf syntaktische Strukturen abbilden. Die graphischen Repräsentationen in der Phonologie sind dagegen nicht immer Bäume, insbesondere in der Art und Weise, wie sie mit dem Text assoziiert sind.

HANS-JOACHIM SOLMS

Isosemantische Beziehungen im Mittelhochdeutschen[1]

Die neuere, funktional orientierte historische Wortbildungsforschung stellt sich u.a. der „für alle Sprachepochen des Deutschen formulierten" Aufgabe, die jeweils synchron erkennbaren Motivationsbeziehungen zwischen den Wortbildungskonstruktionen und den ihnen vorausliegenden Basiswörtern herauszuarbeiten (KSW, E1). In diesem Zusammenhang fallen 'isosemantisch' zu nennende Wortbildungskonstruktionen auf, bei denen synchron eine semantisch-funktionale Äquivalenz von Wortbildungsprodukt und der der Wortbildung vorausliegenden Basis vorliegt (KSW III, E8). Es handelt sich um in jedem Fall morphologisch durchsichtige Wortbildungen, bei denen allerdings nicht recht zu erkennen ist, ob und dass sie gegenüber ihrem jeweiligen Ausgangswort eine eigene, eine besondere und d.h. eine irgendwie abgrenzbare 'andere/zusätzliche' Bedeutung haben. Solche Fälle treten bei allen Hauptwortarten auf: Die gegenwartsbezogene 'Deutsche Wortbildung' (DW[2]) weist sie bei den Substantiven (DW 2, 206ff.) und Adjektiven seltener, bei den Verben (DW 1, 354–359) dagegen häufiger aus. In der Terminologie der DW handelt es sich jeweils um Wortbildungskonstruktionen mit 'weglassbarem Affix' (DW 2, 206), so z.B. bei dem Adjektiv *kolossalisch*: Das Adjektiv ist in identischen Kontexten frei austauschbar mit seiner ebenfalls adjektivischen Basis *kolossal*, so dass das Suffix als weglassbar identifiziert wird (DW 3, 409). Solche Wortbildungskonstruktionen werden in der DW in einem eigenständigen 'Funktionsstand' zusammengeordnet (DW 1, 142). So enthält der adjektivische Funktionsstand 'Weglassbarkeit' eine Reihe von Wortbildungskonstruktionen mit ganz unterschiedlichen Suffixen, die bezüglich ihrer identischen Funktion ('Weglassbarkeit') konvergent sind: Hierher zählen Wortbildungskonstruktionen mit *-ig*, *-lich*, *-isch*, *-sam*, *-al* oder auch mit *-haft*, so z.B. *elendig – elend, kolossalisch – kolossal, beredsam – beredt, paradoxal – paradox, wahrhaft – wahr*. Das für die Gegenwartssprache beschriebene Phänomen der bedeutungsbezogenen Ununterscheidbarkeit von Simplex und einer davon abgeleiteten Wortbildungskonstruktion ist nicht neu. Friedrich Kluge (1926, 102) weist in seiner Stammbildungslehre der altgermanischen Dialekte darauf hin, dass schon im Sanskrit „einfache adj. und ihre [... Präfigierungen mit der Partikel *ka-*] meist dieselbe bedeutung" haben. Solche Weiterbildungen "ohne bedeutungswechsel" (Kluge 1926, 102) kommen im Germanischen „zahlreich" vor und werden gerade im „festländische[n] deutsch [...] in besonderem masse [beliebt]". Der Hinweis darauf, dass solche Wortbildungen 'beliebt' seien, verweist zuerst einmal nur auf die Verwendungshäufigkeit solcher Formen, sagt aus, dass solche Formen usuell sind. Über eine mögliche Ursache, eine mögliche Begründung ist da-

---

1 Leicht im Titel und für die Schriftform überarbeiter Vortrag anlässlich des Ehrenkolloquiums für Manfred Bierwisch und Gotthard Lerchner im Rahmen der Sächsischen Akademie der Wissenschaften zu Leipzig.
2 Deutsche Wortbildung: Typen und Tendenzen in der Gegenwartssprache; eine Bestandsaufnahme des Instituts für Deutsche Sprache, Forschungsstelle Innsbruck. Hauptteil 1–4 Düsseldorf 1973–1991, Hauptteil 5 Berlin 1992.

mit nichts gesagt, soll wohl auch nichts gesagt werden: Denn mit der Liebe ist es schließlich so, dass man sie recht eigentlich nicht erklären kann, wohl auch nicht erklären will, dass sie dort, wo sie hinfällt, letztlich nur hinsichtlich ihrer Erscheinungsform(en) beschreibbar ist. Für Wilmanns (1930, § 190) jedenfalls sind solche Suffixformen beim Adjektiv schon für das Idg. eine „blosse Wucherung", die weder „den Redeteilcharakter noch den Sinn" des neuen Wortes bestimmt (Wilmanns 1930, § 345). Immerhin erweisen die Hinweise von Kluge oder Wilmanns, dass es sich nicht um eine erst in der späteren deutschen Sprachgeschichte herausgebildete Erscheinung handelt, dass diese jedoch gleichwohl zu einer im Germanisch-Deutschen dann sprachtypisch sich entwickelnden Erscheinung geworden ist. Mit Wilmanns' Identifizierung einer funktionslosen 'Wucherung' ist die Frage aufgeworfen, ob hier tatsächlich eine möglicherweise besonders im Germanisch-Deutschen ausgebildete und funktionslose Tendenz zur morphologischen Expansion aufscheint. Ein genauerer Blick in die deutsche Wortbildungsgeschichte zeigt, dass solche 'Wucherungen' nur im synchronen und partikularen Vergleich von Wortbildungskonstruktion und vorausliegendem Ausgangswort als funktionslos erscheinen; demgegenüber erweist einerseits die synchron-systemische Betrachtung[3] des „Zusammenspiel[s] der Wortbildungsmittel und -muster" (KSW III, E1) wie des Zusammenspiels von Wortbildungskonstruktion und Ausgangswort (Simplex) sowie andererseits die diachron nachzuvollziehende Veränderung eben dieses Zusammenspiels von Wortbildungskonstruktion und Ausgangswort, dass es zu einer ausdrucksseitigen Markierung vorhandener Wortschatzstrukturen kommt, so dass die morphologisch zu beschreibende Expansion ('Wucherung') funktional profiliert ist. Damit erlaubt die in der Gegenwartssprache nur sehr kleine Gruppe einschlägiger Wortbildungen einen Einblick in einen sprachwandeltheoretisch interessanten und zentralen Aspekt der deutschen Wortbildungsgeschichte. Er wird möglich durch Vergleich der nun vorliegenden Ergebnisse zur mittelhochdeutschen Wortbildung (KSW III) mit den Ergebnissen der seinerzeit unter der Leitung von Johannes Erben erarbeiteten gegenwartssprachlichen Wortbildung (DW 1–3). Aus dem Vergleich werden übergreifende Entwicklungstendenzen beschreibbar.

Wortbildungskonstruktionen, bei denen synchron eine semantisch-funktionale Äquivalenz von Wortbildungsprodukt zu der der Wortbildung vorausliegenden Basis vorliegt, werden gemäß KSW III (E8) als 'isosemantisch' bezeichnet. Frühere Forschung sprach allgemeiner von 'funktionaler Äquivalenz' zwischen Basis und Wortbildungskonstruktion (Solms 1989, 26), von 'idiofunktionalen' Wortbildungskonstruktionen (Müller 1993, bes. 467 ff.) oder von 'pleonastischen' Konstruktionen (Habermann 1994, 518 ff.). Gegenüber diesen früheren Versuchen einer begrifflichen Identifizierung will die jüngste Wortbildungsforschung zum Mittelhochdeutschen durch die Wahl des Begriffs 'isosemantisch' ausdrücken, dass die in Frage stehenden Wortbildungskonstruktionen allein semantisch zu ihrer jeweiligen Basis äquivalent sind (vgl. KSW III, E8). Dies schließt ein, dass es zwischen dem wortgebildeten Wort einerseits und seinem vorausliegenden Grundwort andererseits einen in anderer Weise zu beschreibenden funktionalen Unterschied geben kann und somit keine funktionslose „blosse Wucherung" vorliegt.

---

3 Die Untersuchung folgt der strukturalistischen „Grundidee, dass die Einzelelemente [–] erst im systematischen Zusammenhang ihre Funktion erhalten" (Werner 1998, 577), dass somit der systematische Zusammenhang zu beschreiben ist.

Isosemantische Bildungen sind für alle Sprachepochen des Deutschen belegt[4], das Muster ist als produktives im jeweiligen sprachstadienbezogenen Wortbildungssystem beschreibbar. Betrachtet man jedoch die entstandenen Bildungen in ihrer Diachronie, dann fällt auf, dass sie hinsichtlich einer wortbildungssystemischen Einordnung einem deutlich stärkeren Wandel als andere Wortbildungskonstruktionen unterliegen. Dies liegt darin begründet, dass sie ganz unmittelbar die Veränderungen gerade auch ihrer jeweiligen Basis spiegeln, sie somit gänzlich relational zu ihrem jeweiligen Grundwort bestimmt sind. Daraus ergibt sich, dass eine Veränderung des Grundwortes automatisch auch zu einer kategoriellen Veränderung der Wortbildungskonstruktion selbst führt. Dabei bleibt offen und unerheblich, ob die am Grundwort beobachtbare Veränderung nicht bereits auch im Zusammenhang der Herausbildung und konkurrenten Existenz der Wortbildungskonstruktion zu beurteilen ist, dass die Grundwortveränderung letztlich nur das Ergebnis der Herausbildung und Verwendung der neueren Wortbildungskonstruktion ist. Zwei Beispiele mögen dies illustrieren: Im Mhd. erscheint im synchronen Nebeneinander neben dem Simplex *der tumel/tümel* die als isosemantisch identifizierte Bildung *das getümel* (KSW III, S47, Anm. 2). Hier ändert sich der wortbildungssystemische Status von *getümel* zum ausgehenden Frnhd. hin, weil es das Simplex kaum mehr gibt, es ungebräuchlich geworden ist und im lateinischen Lehnwort *Tumult* mit veränderter Bedeutung aufgeht (DWB s. v.). Das auch im späten Frnhd. noch als Wortbildungskonstruktion erkennbare und zu den Substantiven mit Präfix *ge*-Präfix (z. B. *Gedärm*, *Gelüst*, *Gewölk* vgl. DWB, s. v.) zählende Substantiv *getümel* ist wortbildungssystematisch synchron nicht mehr als isosemantisch zu beschreiben. Eine ähnliche Entwicklung zeigt das mhd. Präfixverb *jmdn. beweinen*: Die Tatsache, dass das Präfixverb im Mhd. innerhalb identischer Kontexte zu dem transitiv verwendeten Simplex *jmdn. weinen* austauschbar ist, profiliert es wortbildungssystemisch als isosemantisch. Da nun das Simplexverb in der Folge besonders des 14. Jhs. die Möglichkeit zum transitiven Bezug auf eine Person verliert, verändert sich relational auch der Status des Präfixverbs. Das Präfixverb *beweinen* ist synchron nicht mehr als isosemantisch zu identifizieren, vielmehr trägt es nun eine im synchronen Vergleich zum Simplexverb eigenständige Bedeutung. Die Beispiele belegen, dass isosemantische Bildungen stets nur ein Phänomen der Sychronie sind, dass es gewissermaßen sogar ihr Los ist, im geschichtlichen Prozess aufgehoben zu werden. Dies zeigt besonders auch die diachron beobachtbare quantitative Veränderung der Gruppe isosemantischer Wortbildungskonstruktionen.

Der Anteil isosemantischer Wortbildungen (Wortbildungskonstruktionen mit 'weglassbarem Affix', vgl. DW 2, 206) am Gesamt aller Bildungen eines Affixes liegt in der Gegenwartssprache bei den Substantiven zwischen ca. 0,4% und ca. 7,3% (DW 2, 206 ff.[5]): Wellmann (DW 2, 95) zählt bei den insgesamt 2515 -*ung*-Bildungen nurmehr 9 in der Restgruppe mit 'weglassbarem Affix' (vgl. DW 2, 207), so z. B. *Waldung* gegenüber *Wald*, *Wandung* gegenüber *Wand*; von den nur 69 Bildungen auf -*nis* (DW 2, 88) gehören immerhin

---

4 So hat Jochen Splett (2000, 1219) auch für das Ahd. ein 'pleonastisches Herantreten des Suffixes -*īn* bei Neigungsadjektiven' vermerkt (vgl. auch Meinecke/Schwerdt 2001, 299: *slāffilīn* 'schläfrig') und dabei bemerkt, dass diese dadurch „hinsichtlich der beteiligten Suffixe und der synonymischen Bezüge differenzierter als bisher angenommen strukturiert sind".

5 Unberücksichtigt bleiben hier Bildungen mit -*werk*, bei denen die 'Restgruppe' 23,6% ausmacht (DW 2, 98 f.). Stärker als in anderen Fällen scheint der vorgeschlagene 'transformationelle Wert' der jeweiligen Wortbildung nicht immer einleuchtend.

5 in die entsprechende Restgruppe, z.B. *Bildnis*. Vergleicht man diesen für das Nhd. des vergangenen Jahrhunderts ermittelten Zustand mit den für das Mhd. ermittelten Verhältnissen (vgl. KSW III), so überrascht zuerst einmal nicht, dass hier wie dort bestimmte Affixe belegt sind, die in der jeweils anderen Epoche noch nicht oder nicht mehr vorkommen. So zeigt das Mhd. noch isosemantische Bildungen mit den Suffixen *-el* oder *-de*, die im Nhd. nicht mehr produktiv sind, z.B. *die kannel* neben *die kanne*, *die urstendede* neben *die urstende*, *das gevingerde* neben *das gevinger* (KSW III, S90; S78, Anm. 1); immerhin liegt der mhd. Anteil solcher Bildungen für Suffix *-de* bei ca. 4,5% und für das Suffix *-el* bei ca. 11,3%. Im umgekehrten Fall zeigt das Nhd. isosemantische Bildungen mit Suffixen, die erst in der Neuzeit ins Deutsche eingeflossen sind, z.B. *Klimatik* neben *Klima*, *Festivität* neben *Fest* (DW 2, 207f.). So wenig diese epochentypische Ausprägung überrascht, so zeigt sie doch, dass isosemantische Bildungen eine immer wieder neu auftretende Erscheinung sind. Es zeigt sich aber auch, dass solche Bildungen zum Nhd. hin eine in ihrer Bedeutung deutlich nachlassende Erscheinung sind. Dies erweist sich u.a. darin, dass manche Affixe zwar im Mhd. noch isosemantische Bildungen erzeugen, dass sie dies im Nhd. aber nicht mehr können: So hat das Mhd. noch isosemantische Agentivbildungen auf *-er(e)*, z.B. *vormunder* neben *vormund* (KSW III, S99, Anm.); im Nhd. tauchen solche Bidungen beim Suffix *-er* nicht mehr auf. Diese nachlassende Bedeutung zeigt sich dann auch bei jenen Affixen, die sowohl im Mhd. als dann auch noch im Nhd. isosemantische Bildungen aufweisen. Bei den Sustantiven ist dies besonders bei den Suffixen *-nis*, *-schaft*, *-ung* sowie beim Präfix *Ge-* der Fall, so z.B. *buntnisse* neben *bunt* (für Suffix *-nis*, vgl. KSW S144), *sippeschaft* neben *sippe* (für Suffix *-schaft*, vgl. KSW III, S181, Anm. 1), *lobunge* neben *lob* (für Suffix *-ung*, vgl. KSW III, S213, Anm. 1), *getümele* neben *tumel* (für das Präfix *Ge-*, vgl. KSW III, S47, Anm. 2). Bemerkenswert sind nun die Anteile, die solche isosemantischen Bildungen jeweils am Gesamt aller Lexeme der einzelnen Affixe ausmachen. Der für das Mhd. ausgewiesene Anteil sinkt zum Nhd. hin z.T. dramatisch: beim Suffix *-schaft* sinkt der Anteil von ca. 16,7% auf unter 6%, bei *-ung* von ca. 3,7% auf weniger als 0,4%, beim Präfix *Ge-* von ca. 38,5% auf unter 2,7%. Allein für das Suffix *-nis* gibt es einen Zuwachs zu verzeichnen, insofern der Anteil im Mhd. bei ca. 3,4% liegt und im Nhd. auf ca. 7,7% ansteigt. Bezieht man in diesen übergreifenden Vergleich des Mhd./Nhd. nun auch noch als Zwischenstufe das Frnhd. mit ein, so zeigen die Befunde für die meisten Fälle eine kontinuierliche Entwicklung: Müller (1993, 134, 160, 320, 344) gibt für *Ge-* einen Wert von ca. 22,2% an, bei *-schaft* zählt er 2 von insgesamt 6 Lexemen zu den isosemantischen Bildungen, bei *-ung* sind es knapp 2%, bei *-nis* wird mit 8,7% sogar ein Wert erreicht, der noch oberhalb der nhd. Verhältnisse liegt.

Bevor eine Erklärung versucht sei, die zeigt, dass jeweilige isosemantische Bildungen nicht einfach nur eine 'Wucherung' sind, müssen auch die Verhältnisse bei den Adjektiven sowie Verben beleuchtet werden. Denn hier spielen solche Bildungen eine wesentlich größere Rolle als bei den Substantiven. Während der Anteil isosemantischer Bildungen am Gesamt aller mhd. Wortbildungskonstruktionen bei den Substantiven nur bei ca. 3,5% liegt, so liegt er bei den Adjektiven bei ca. 17%, bei den Verben sogar bei über 25%. Dabei sind isosemantische Bildungen für einige Affixe geradezu typisch. Bei den Adjektiven sind es die Präfigierungen mit *ge-* und die Suffigierungen mit *-ig* und *-lich*, Beispiele für *ge-* sind *gereht* gegen *reht*, *geswinde* gegen *swinde* (KSW III, A20), für *-ig* kann man *tûsentvaltig* gegen *tûsentvalt*, *wârhaftic* gegen *wârhaft* angeben (KSW III, A82f.), für *-lich* z.B. *bitterlich* gegen *bitter*, *valschlich* gegen *valsch* (KSW III, A120f.). Bei den Präfigierungen mit *ge-* zählt nahezu die Hälfte aller Bildungen zu den isosemantischen Bildungen: Der Anteil bei *-lich* liegt bei 32%, so dass solche Bildungen "die mit Abstand größte Untergruppe der mhd. *-lich*-Bildungen" ausmachen; der Anteil von *-ig* liegt bei 29%, so dass hier die zweitgrößte Untergruppe der *-ig*-Bildungen vorliegt (vgl. KSW III, A66, A102; A82, A122). Die Veränderungen zum Nhd. hin sind eindeutig: Das Präfix *ge-* ist nicht mehr produktiv, isosemantische *-lich*-Bildungen machen einen Anteil von nurmehr ca. 2,2% aus, diejenigen mit *-ig* haben einen verschwindenden Anteil von 0,4% (DW 3, 109, 113). Ähnliches ist auch bei den Verben zu beobachten: Als Beispiel mögen die Präfixverben mit *er-* dienen, bei denen der Anteil der Isosemantika im Mhd. bei ca. 17,5% liegt (KSW III, V39, Anm. 1), während er im Nhd. auf ca. 9,7% sinkt. (DW 1, 354).

Die beobachteten Zustände und Veränderungen lassen mehrere Erklärungen zu. Für die Adjektive zeigt sich ein relativ klares Bild, das Zutt (2000, 1363) so gezeichnet hat: Um 1200 besteht noch weitgehend eine Ähnlichkeit in der Lautgestalt von Substantiven und Adjektiven, die durch eine Verwendung wortklassenspezifischer Affixe bei den Adj. aufgehoben wird. Zutt nennt dies ein „Streben nach Wortklassenzuweisung", das sich dann besonders deutlich in der „pleonastische[n] Erweiterung von Adj. durch [eben jene] Suffixe, die ursprünglich zur Ableitung von Adj. aus Subst. gedient hatten", zeigt. Die aus der früheren Forschung gefolgerte Beschreibung Zutts wird nun durch die neu vorliegende mhd. Wortbildung (KSW III) vollgültig bestätigt: In Übereinstimmung mit Zutt wird die ermittelte „hohe Zahl an Isosemantika" dadurch erklärt, dass „ausdrucksseitig die adjektivische Wortart" profiliert wird (KSW III, A155); damit wird zugleich auch deutlich, dass die mitspielenden Affixe keinesfalls „funktionslos" und auf keinen Fall 'pleonastisch' oder 'weglassbar' sind. Die ausdrucksseitig erreichte Profilierung der Wortklasse setzt sich dann im Frnhd. innerhalb der flexivischen Entwicklung fort. So zeigt die Gr.d.Frnhd., dass die Adjektive sich erst „am Ende der frnhd. Sprachperiode als eigenständige Wortart konsolidiert haben"; erst aufgrund der wortbildungs- und flexivischen Entwicklung gelingt „den Grammatikern des 18. Jhs. [...] die Abgrenzung der Adjektive sowohl von den Substantiven als auch dann von den Adverbien und Numeralia" (Gr.d.Frnhd. VI, § 144). Die Entwicklung weist somit über das Mhd. hinaus ins Frnhd., wortbildungs- und flexivische Entwicklung ergänzen sich gegenseitig. Die isosemantischen Bildungen zeigen sich als die schließlich dann auch durchgesetzten, als die wortklassenmarkierten Einheiten.

Im Gegensatz zu den Adjektiven zeigen sich die im Mhd. bei den Verben beschreibbaren isosemantischen Bildungen ausschließlich und bei den Substantiven vorwiegend im Bereich der Präfigierung: am Gesamt aller präfigierten Substantive stellen sie einen Anteil von ca. 12,4%, bei den suffigierten Substantive sind es nur 2,3%. Dieser erhöhte Anteil bei den Präfixbildungen fällt auf, da es doch die primäre und eigentliche Funktion der Präfixe ist, ein jeweiliges Grundwort semantisch zu modifizieren, ihm eine zusätzliche Bedeutungskomponente hinzu zu fügen, so wie bei *Art* und *Unart* oder bei *Tat* und *Untat*[6]. Genau

---

6 So kann das Substantivpräfix *Un-* einem neutral konnotierten Substantiv eine negative Bedeutungskomponente hinzufügen (vgl. KSW III, S33). Bei den Verben vermag z.B. das Präfix *ver-* ein aktional-duratives Verb dahingehend zu modifizieren, dass der Abschluss des Verbvorgangs in den Blick genommen wird: 'eine Blume, die *aufhört zu blühen, verblüht*' (vgl. KSW III, V60).

dem steht jedoch die definitorische Besonderheit isosemantischer Bildungen gegenüber, in identischen Kontexten ohne Informationsverlust mit ihren Grundwörtern austauschbar zu sein. Insofern erstaunt die Häufung (bedeutungsäquivalenter) isosemantischer Bildungen gerade im Bereich der bedeutungsunterscheidenden Präfixe, die nicht zufällig ist. Für die Erklärung ist wesentlich, ob und inwiefern eine isosemantische Beziehung diachronisch durch Veränderung der Präfixbildung selbst oder durch die Veränderung des Grundwortes aufgehoben wird. Die Situation ist einfach zu beurteilen, wenn einer der beiden Konkurrenten im Verlauf der Sprachgeschichte untergeht. So wird die mhd. Konkurrenz von *getümel(e)* und *tumel/tümel* zugunsten von *Getümmel* aufgegeben; das gilt ebenso für z. B. die mhd. Konkurrenz von *gesmīde* und *smīde* ('das zu Schmiedende und Geschmiedete', DWB, s. v.[7]), die zugunsten der Präfixform *Geschmeide* aufgegeben wird. Hier hat jeweils die Präfixform obsiegt. Anders verläuft die Entwicklung dagegen bei mhd. *suht* gegen *gesühte* oder *sippe* gegen *gesippe* (vgl. KSW III, S47, Anm. 2), insofern hier die Präfixbildung aufgegeben wird. Statt solcher Fälle des Wortuntergangs einer der beiden Konkurrenten sind sprachgeschichtlich allerdings jene Fälle interessanter, in denen Grundwort und Wortbildungskonstruktion erhalten bleiben: Beispiele sind *hören* neben *gehören*, *weinen* neben *beweinen*. Bei ihnen zeigt sich, dass die ältere isosemantische Beziehung dadurch aufgehoben wird, dass das Grundwort seine Bedeutung verändert hat. Beim Grundwort wird jene Bedeutungskomponente aufgegeben, die die frühere isosemantische Beziehung begründete. Aufrund des nun umfänglich vorliegenden Belegmaterials bestätigt sich eine frühere Einschätzung (Solms 1989, bes. 29 f.), dass durch die Präfixbildung eine Auflösung der im Grundverb vorab vorhandenen Poysemie stattfindet, die Präfixverben somit als ausdrucksseitig markierte Bildungen eine Reihe von Simplexverbverwendungen übernehmen. Im jeweiligen Präfix erscheint eine spezifische Bedeutung reihenhaft realisiert, die (diachron) vorgängigen isosemantischen Bildungen reihen sich synchron gänzlich in die entsprechenden Funktionsgruppen der einzelnen Präfixe ein und sind nun durch eben diese Gruppenzugehörigkeit motiviert. Entsprechend weist die mhd. Wortbildung in einer Vielzahl von Funktionsgruppen solche isosemantischen Bildungen auf. In der Tatsache, dass bei einer Vielzahl von Simplexverben einzelne Inhaltskomponenten ausgegliedert und dann auf der Ausdrucksseite durch eine eindeutige Zeichenbeziehung ausgedrückt werden, wurde eine Tendenz zur Isomorphie gesehen (Solms 1989): Ähnliche Inhalte werden durch besondere und als solche auch markierte morphologische Mittel verwirklicht; gleichzeitig werden diese Inhaltskomponenten in der polysemen und bezüglich der Inhaltskomponenten unmarkierten Grundform aufgegeben[8]; so wird z. B. bezogen auf das Grundverb *weinen* die Möglichkeit aufgegeben, es mit einem persönlichen Objekt zu gebrauchen. Diese Beobachtung hatte Volker Harm (2003, 229) in einer kleinen Studie zur „Diagrammatic iconicity in the lexicon" aufgegriffen und es am Beispiel des Simplexverbs *hören* und der zugehörigen Präfixverben *er-*, *ge-*, *verhören* geprüft und bestätigt gefunden. Für ihn zeigt sich hierin im Deutschen eine Tendenz zu einer „motivational iconicity". Der sprachstadienbezogene Befund zeigt, dass die semantische Überlappung von Simplex- und Präfixverb grundsätzlich in beide Richtungen gehen kann: „not only could the prefixed forms express the meaning

---

[7] Die Entscheidung ist z. T. erst in der Gegenwartssprache getroffen. So weist DWB (s.v.) *Tummel / Tümmel* noch bis weit ins 19.Jh. nach; *Schmeide* ist noch im Urfaust belegt.
[8] Henzen (1965, § 7) hätte diesen Vorgang wohl unter die Triebkraft 'Analogie' eingeordnet.

of the base, [...] but the base could also express the specialized meanings of the prefixed forms" (Harm 2003, 236), erst mit dem 17. Jh. zeigen die Verben dann „clear-cut semantic distinctions" (Harm 2003, 236). Erst mit dem ausgehenden Frnhd. sind die Verhältnisse verändert, die im Mhd. noch gänzlich virulent sind. Dabei zeigt sich aus dem Blickwinkel der Prototypentheorie, dass die im Präfixverb ausgelagerten Bedeutungen in der Basis nur peripher angesiedelt sind, „they may be considered as semantically marked as opposed to the central member of the lexical category. [...] When we turn our attention from content to form, *hören* may be seen as morphologically unmarked as opposed to its derivational forms. [...] In other words, semantically marked meanings of *hören* tend to be attached to a marked form, whereas the unmarked meaning is preferable rendered by the unmarked form. This can be interpreted as a tendency towards 'motivational iconicity'" (Harm 2003, 237). Die Entwicklung einer ganzen Reihe von Verben kann in dieser Weise erklärt werden, so u. a. *achten* neben *erachten*, *finden* neben *erfinden*, *öffnen* neben *eröffnen*, *bieten* neben *gebieten*, *reichen* neben *gereichen*, *merken* neben *vermerken*, *spüren* neben *verspüren*; Harm (2003, 237 f.) gibt auf der Grundlage des DWB insgesamt 50 Verben an. Damit bestätigt sich die o. a. Einschätzung, dass über isosemantische Bildungen ein Einblick in einen der auch theoretisch interessantesten Aspekte der deutschen Wortbildungsgeschichte möglich wird, "which otherwise would have remained unidentified" (Harm 2003, 238), nämlich dass "Umrißstrukturen der Denkinhalte"[9], im Deutschen durch besondere morphologische Mittel verwirklicht werden. Insofern liegt in den besprochenen Bildungen sicherlich keine 'Wucherung', sondern eine für das Deutsche sprachtypische und in der Sprachstruktur geleistete Markierung von Bedeutung vor. Im jeweils synchron erfassbaren gefügten System des Nhd. und auch des Mhd. wäre die formulierte Einsicht nicht möglich, sie ist erst möglich durch die Einsicht in die diachron erarbeitete historische Entwicklung insbesondere der isosemantischen Bildungen[10]. Im Ergebnis zeigt sich ein die nhd. Schriftsprache und ihre Entwicklung insgesamt prägendes Prinzip.

Literaturverzeichnis

DW 1 = Kühnhold, Ingeburg / Hans Wellmann (1973). Deutsche Wortbildung. Typen und Tendenzen in der Gegenwartssprache. Eine Bestandsaufnahme des Instituts für deutsche Sprache, Forschungsstelle Innsbruck. Erster Hauptteil. Das Verb. Düsseldorf. (Sprache der Gegenwart. Schriften des Instituts für deutsche Sprache in Mannheim. XXIX).

DW 2 = Hans Wellmann (1975). Deutsche Wortbildung. Typen und Tendenzen in der Gegenwartssprache. Eine Bestandsaufnahme des Instituts für deutsche Sprache, Forschungsstelle Innsbruck. Zweiter Hauptteil. Das Substantiv. Düsseldorf. (Sprache der Gegenwart. Schriften des Instituts für deutsche Sprache in Mannheim. XXXII).

DW 3 = Kühnhold, Ingeburg / Oskar Putzer / Hans Wellmann (1978). Deutsche Wortbildung. Typen und

---

9 Dokulil, Miloš (1968). Zur Theorie der Wortbildungslehre. In: Wissenschaftliche Zeitschrift der Karl-Marx-Universität Leipzig. Gesellschaftswiss. Reihe 17, 207, zit. nach Solms 1989, 30.

10 Hier schließt sich eine Reihe von Fragen an, die an dieser Stelle nicht weiter zu beantworten sind. So ist die Entwicklung in ihrer Bindung an den Prozess der insbesondere in frnhd. Zeit vollzogenen schreib-/schriftsprachlichen Entwicklung zu betrachten. Dabei ist das in mhd. und frnhd. Zeit größere Varietätenspektrum landschaftlicher und stilistischer Art zusätzlich zu bedenken.

Tendenzen in der Gegenwartssprache. Eine Bestandsaufnahme des Instituts für deutsche Sprache, Forschungsstelle Innsbruck. Dritter Hauptteil. Das Adjektiv. Düsseldorf. (Sprache der Gegenwart. Schriften des Instituts für deutsche Sprache in Mannheim. XXXXIII).

Gr.d.Frnhd.VI = Moser, Hugo / Hugo Stopp / Werner Besch (Hrsg.). Grammatik des Frühneuhochdeutschen. VI. Band. Flexion der Adjektive, von Hans-Joachim Solms / Klaus-Peter Wegera. Heidelberg. (Germanische Bibliothek. Erste Reihe, Sprachwissenschaftliche Lehr- und Elementarbücher).

Habermann, Mechthild (1994). Verbale Wortbildung um 1500. Eine historisch-synchrone Untersuchung anhand von Texten Albrecht Dürers, Heinrich Deichslers und Veit Dietrichs. Berlin / New York. (Wortbildung des Nürnberger Frühneuhochdeutsch, 2).

Harms, Volker (2003). Diagrammatic iconicity in the lexikon. Base and derivation the history of German verbal word-formation. In: Müller, Wolfgang W. / Olga Fischer (Hrsg.). From Sign to Signing. Iconicity in language and literature 3. Amsterdam, S. 225–241.

Henzen, Walter (1965). Deutsche Wortbildung. Tübingen, 3., durchges. und erg. Aufl. (Sammlung kurzer Grammatiken germanischer Dialekte B, Ergänzungsreihe).

Kluge, Friedrich (1926). Nominale Stammbildungslehre der Altgermanischen Dialekte. 3.Auflage bearb. von Ludwig Sütterlin u. Ernst Ochs. Halle/S. (Sammlung kurzer Grammatiken Germanischer Dialekte. Ergänzungsreihe).

KSW III = Klein, Thomas / Hans-Joachim Solms / Klaus-Peter Wegera (2009). Mittelhochdeutsche Grammatik. Teil III: Wortbildung. Erarbeitet von Birgit Herbers, Thomas Klein, Aletta Leipold, Eckhard Meineke, Simone Schulz-Balluf, Heinz Sieburg, Hans-Joachim Solms, Sandra Waldenberger, Klaus-Peter Wegera. Tübingen.

Meinecke, Eckhard / Judith Schwerdt (2001). Einführung in das Althochdeutsche. Paderborn u. a. (UTB 2167).

Müller, Peter O. (1993). Substantiv-Derivation in den Schriften Albrecht Dürers. Ein Beitrag zur Methodik historisch-synchroner Wortbildungsanalysen. Berlin / New York. (Wortbildung des Nürnberger Frühneuhochdeutsch, 1).

Solms, Hans-Joachim (1989). Frühneuhochdeutsche präfixale Wortbildung und die Umstrukturierung des Lexikons. In: Moser, Hans / Norbert R. Wolf (Hrsg.). Zur Wortbildung des Frühneuhochdeutschen. Ein Werkstattbericht. Innsbruck, S. 21–31. (Innsbrucker Beiträge zur Kulturwissenschaft 38).

Splett, Jochen (2000). Wortbildung des Althochdeutschen. In: Besch, Werner et al. (Hrsg.). Sprachgeschichte. Ein Handbuch zur Geschichte der deutschen Sprache und ihrer Erforschung. 2., vollst. neu bearb. u. erw. Aufl. 2. Teilband. Berlin u.a., S. 1213–1222.

Werner, Otmar (1998). Historische Morphologie. In: Besch, Werner et al. (Hrsg.). Sprachgeschichte. Ein Handbuch zur Geschichte der deutschen Sprache und ihrer Erforschung. 2., vollst. neu bearb. u. erw. Aufl. 1. Teilband. Berlin u.a., S. 572–596.

Wilmanns, Wilhelm (1930). Deutsche Grammatik. Gotisch, Alt-, Mittel- und Neuhochdeutsch. Zweite Abteilung: Wortbildung. Unveränd. Neudruck Berlin u. Leipzig.

Zutt, Herta (2000). Wortbildung des Mittelhochdeutschen. In: Besch, Werner et al. (Hrsg.). Sprachgeschichte. Ein Handbuch zur Geschichte der deutschen Sprache und ihrer Erforschung. 2., vollst. neu bearb. u. erw. Aufl. 2. Teilband. Berlin u.a., S. 1358–1365.